KB015356

내 편으로 만드는
대화의 기술

내 편으로 만드는

대화의 기술

초판 1쇄 발행 | 2015년 09월 15일
초판 2쇄 발행 | 2018년 02월 10일

지은이 | 레스 T. 기블린
옮긴이 | 이원식

발행인 | 김선희 · 대 표 | 김종대 · 펴낸곳 | 도서출판 준앤준
책임편집 | 박옥훈 · 디자인 | 윤정선 · 마케터 | 양진철 · 김용준

등록번호 | 388-2009-000018호 · 등록일 | 2009년 6월 24일

공급처 | 도서출판 매월당
주소 | 경기도 부천시 소사구 중동로 71번길 39, 109동 1601호
(송내동, 뉴서울아파트)
전화 | 032-666-1130 · 팩스 | 032-215-1130

ISBN 979-11-86664-05-6 (03320)

· 잘못된 책은 바꿔드립니다.
· 책값은 뒤표지에 있습니다.

이 도서의 국립중앙도서관 출판시도서목록(CIP)은 서지정보유통지원시스템 홈페이지(http://seoji.nl.go.kr)와 국가자료공동목록시스템(http://www.nl.go.kr/kolisnet)에서 이용하실 수 있습니다.(CIP제어번호 : CIP2015022843)

준앤준은 도서출판 매월당의 자회사입니다.

내 편으로 만드는
대화의 기술

레스 T. 기블린 지음
이원식 옮김

준앤준

프롤로그

현대판 대인관계의 바이블

당신은 혹시 직장에서 상사나 동료들과 소통이 원만하지 않거나 비즈니스 관계를 형성하는데 어려움을 겪고 있지는 않은가? 또는 더 나은 배우자가 되고 싶고 매일 만나는 사람들에게 강한 인상을 지속적으로 각인시키기를 원하는가? 그렇다면 그 해답은 바로 이 책《내 편으로 만드는 대화의 기술》에 있다.

인생을 살아가는 동안 우리는 좋든 싫든 다른 사람들과 관계를 맺기도 하고 어떤 형태로든 서로 대화도 하며 지내기 마련이다. 그러면서도 정작 제대로 된 대인관계의 기교와 대화의 기술이 어떤 것이며 그것이 왜 중요한

지를 제대로 알고 있는 사람은 그리 많지 않은 것 같다.

왜 그럴까? 우리는 이 세상 모든 사람들이 자기들 나름대로 인생을 살아가는 노하우 하나쯤은 가지고 있을 거라고 믿는다. 그래서 남들이 지닌 노하우나 개성을 존중해 주기만 하면 그들과의 인간관계를 원만하게 유지해 나가는 일도 그리 어렵지 않을 거라고 생각한다.

그러나 문제는 우리가 사는 세상이 하루가 다르게 복잡해지고 다양해지면서 대인관계의 양상이 날로 복잡다단해지고 있으며, 그에 따라 원만한 대인관계를 유지하는 일 또한 전에 없이 어려워지고 있다는 데에 있다.

이 책은 1968년에 《대인관계 기술 *Skill With People*》이라는 제목으로 초판이 나온 이후 전 세계에서 300만 부 가까이 판매된 대인관계 분야의 고전이다. 이 책에 실린 내용들은 지난 수십 년 동안 레스 기블린 인간관계연구소에서 진행해 온 〈피플 스킬 세미나〉의 현장 사례와 다양한 연구 성과를 집약한 것으로써, 대인관계와 커뮤니케이션에 관한 한 타의 추종을 불허하는 독보적인 것으로 평가받고 있다.

워낙 오래전에 나온 책이기 때문에 독자들 중에는 이 책의 내용이 누구나 다 아는, 그렇고 그런 얘기들이라며 대수롭지 않게 생각하는 이들도 있을지 모른다. 하지만 그런 독자들이야말로 그들이 그동안 여기저기서 들은 '누구나 다 아는 얘기들'의 원전이 바로 이 책이라는 사실은 꿈에도 생각하지 못할 것이다. 실제로 이 책의 초판이 출간된 이후에 나온 대인관계나 커뮤니케이션 분야의 수많은 서적들 가운데 상당수는 이 책에 나오는 만남과 대화의 법칙들을 재해석하고 변형한 것들이 대부분이다.

그동안 수많은 저명인사들이 이 책에 담긴 대인관계의 기술과 대화의 법칙들을 잘 활용한 덕분에 각종 비즈니스와 사회 활동에서 눈부신 성공을 거둘 수 있었다는 사실을 서슴없이 인정해 왔다. 뿐만 아니라 세계 최고의 커뮤니케이션 컨설턴트들과 정상급의 동기 부여 전문가,

각급 단체의 리더들과 마케팅 및 세일즈 분야의 세계적 스타들 또한 이 책을 현대판 대인관계의 바이블로 추천하는데 조금도 주저하지 않았다.

이 책에는 우리의 대인관계와 대화의 습관을 질적으로 향상시키고 우리가 인생에서 원하는 것을 성취하는데 있어서 꼭 필요한 지식과 기법들이 제시되어 있다. 오랜 시간에 걸쳐 전 세계 여러 나라에서 충분히 검증되고 수많은 성공 사례를 만들어낸 이 책이 독자 여러분에게 보다 나은 인생, 보다 많은 친구, 보다 큰 성공 그리고 보다 행복한 생활을 보장하는 행운의 열쇠가 되어주기를 진심으로 소망한다.

2015년 8월

옮긴이

Contents

Chapter 1

인간의 본성은 이기적이다

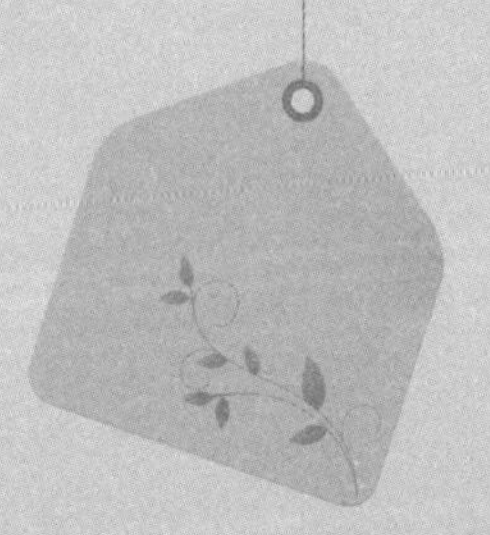

Skill with People

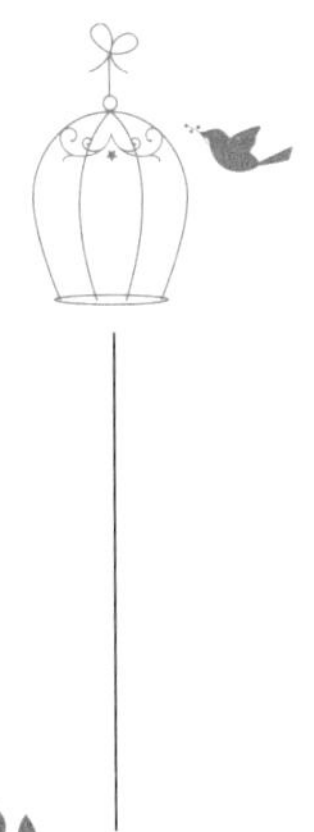

내가 만나는 모든 이들과 좋은 관계를 맺고 앞으로도 그 관계를 계속 좋은 쪽으로 유지해 나가고 싶다면 어떻게 해야 할까? 무엇보다도 먼저 사람들이 지니고 있는 인간으로서의 본능과 본성에 대해 정확하게 알아야 한다.

어떤 사람이 어떤 상황에서 어떤 행동을 하는 이유가 무엇인지 알 수 있다면 얼마나 좋을까? 똑같은 문제를 놓고도 사람에 따라 여러 가지로 다른 반응을 보이는 이유가 무엇인지 알 수만 있다면 얼마나 좋을까? 그렇게만 된다면 그들과의 인간관계를 원만하게 유지해 나가는 일도 그리 어렵지 않을 것이다.

그러나 막상 친구를 만나거나 다른 사람들과 대화를 하면서도 상대방이 어떤 사람인지, 그리고 그 사람이 어떤 생각을 하고 있는지를 한눈에 파악하기란 그리 쉬운 일이 아니다.

멜 깁슨과 헬렌 헌트가 주연한 〈왓 위민 원트 *What Women Want*〉라는 영화를 보면, 남자 주인공이 어느 날 갑자기 다른 여자들의 마음을 읽는 능력을 갖게 되는 장면이 나온다. 그 영화의 주인공처럼 다른 사람들을 만나는 순간 그들의 마음을 읽을 수만 있다면 아마도 대인관계의 기술 같은 것은 아예 필요가 없을지도 모른다. 그 사람들이 생각하고 바라는 것을 내가 다 알아서 해주는데 날 좋아하지 않을 사람은 별로 없을 테니까.

하지만 우리가 사는 현실 속에서 그 영화 속의 주인공

이 겪은 것 같은 일이 일어날 가능성은 거의 없다. 그래서 사람들은 다른 이들이 생각하고 원하는 것을 알아낼 수 있는 여러 가지 방법들을 찾기 위해 여기저기를 기웃거린다.

어떤 이들은 사람의 외모를 보면 그 사람의 성격이나 행동을 알게 될 수도 있을 거라는 생각에서 관상이나 인상학에 관심을 갖기도 한다. 또 어떤 이들은 점성술이나 성명학 같은 걸 열심히 배우면서 다른 사람의 생년월일과 이름만 갖고도 그 사람의 성격과 운명에 대해 알 수 있는 방법을 찾아내려고 애를 쓰기도 한다.

물론 그런 노력을 통해서 우리가 알게 된 정보나 지식들이 다른 사람들을 이해하고 그들과 좋은 관계를 유지해 나가는데 도움이 될 수만 있다면, 어떤 것이든 나름대로 의미가 있을 것이다. 그러나 문제는 그렇게 해서 알게 된 지식이나 정보들이 지니치게 획일석이거나 단편적일 뿐만 아니라, 경우에 따라서는 다른 사람을 정확하게 이해하는데 오히려 방해가 될 수도 있다는 데에 있다.

이 세상에 내가 없다면 다른 사람의 존재도 내게 아무런 의미가 없을 것이다. 그러나 적어도 우리가 이 세상에서 살아가는 동안은, 다른 사람의 존재가 나의 생존과 번영에 어떤 형태로든 영향을 끼칠 수밖에 없다는 사실을 분명히 인정해야 한다. 그걸 인정할 수 있다면 '내가 친구나 주위 사람들에 대해 어떻게 생각하느냐, 그리고 내가 그 사람들한테 뭘 바라느냐' 하는 건 그리 중요한 문제가 아니란 점도 알아야 한다. 그들과의 인간관계에서 정작 중요한 것은 '그들이 나를 어떻게 생각하느냐, 그리고 그들이 내게 바라는 걸 내가 과연 얼마나 제대로 알고 있느냐' 하는 것이기 때문이다.

그렇다면 우리가 만나는 세상 사람들은 과연 어떤 사람들이고, 그들이 마음속 깊이 간직하고 있는 욕구와 본능은 또 어떤 것일까?

그 대답은 생각보다 훨씬 간단하다.

사람은 누구나 이기적인 존재다.

사람은 누구나 다른 사람보다는 자기 자신에게 더 관심이 많다.

사람은 누구나 다른 사람들로부터 존경과 인정을 받고 싶어 한다.

자, 잠시 책을 내려놓고 스스로에게 질문해 보자.

'나는 과연 이기적인 사람인가?'

'나는 정말 누구보다도 나 자신에게 더 관심이 많은 사람인가?'

'나는 남들이 나를 존경하고 인정해 주기를 진심으로 바라는가?'

이 질문들에 대해 자신 있게 '아니다.' 라고 대답할 수 있다면 이 책을 더 읽어나갈 필요가 없다. 그러나 '그렇다.' 는 대답이 하나라도 있다면, 당신은 분명 이 책을 계속 읽어야 한다.

다른 사람들과의 인간관계를 좀 더 좋게, 좀 더 바람직하게, 좀 더 원만하게 유지해 나가고 싶어 한다면 절대로 잊지 말아야 할 게 하나 있다. 우리가 살아가는 이 세상에서 모든 사람들의 생각과 행동을 지배하는 가장 큰 요인은 바로 우리 모두가 갖고 있는 자기중심적인 사고와 이기적인 관심사라는 사실이다.

우리 주변에는 어려운 이들에게 자선을 베푸는 사람들이 꽤 많다. 그런 사람들 중에는 정말 순수하고 따뜻한 마음에서, 그리고 가난하고 불쌍한 이웃들에게 작은 도움이라도 되었으면 좋겠다는 생각을 하면서 선물이나 기부금을 내놓는 이들도 물론 있다. 그러나 개중에는 그런 자선 행위를 통해 자기 스스로 어떤 만족감을 느끼게 될 것인지, 그리고 자기가 어려운 이들을 도와줬다는 사실에 대해 다른 사람들이 어떻게 생각하고 얘기할 것인지를 더 중요하게 여기는 이들도 적지 않다.

그런 사람들은 자기들이 하는 자선 행위가 불쌍한 이

웃들에게 실제로 어떤 도움을 줄지, 그리고 그들에게 꼭 필요한 도움이 어떤 것인지에 대해서는 그다지 관심을 두지 않는다. 그래서 어려운 이들에게 자선을 베풀 때는 오른손이 한 것을 왼손이 모르게 하라는 성서의 가르침이 있음에도 불구하고, 그들은 오히려 자기들이 낸 기부금의 액수가 신문이나 방송에 발표되는 걸 보며 마음을 졸이기도 한다.

그러나 우리 인간이 이 세상에 나올 때부터 이기적인 본성을 타고났다는 사실 때문에 미안해하거나 부끄러워할 필요는 조금도 없다. 우리가 지니고 있는 그런 이기적인 본성은 인간이라는 종이 이 지구상에 출현한 이후 수만 년이 지난 오늘날까지 조금도 달라지지 않았을 뿐 아니라, 오히려 시간이 갈수록 더욱 강화되고 강력해지면서 점점 더 오랫동안 살아남을 것이기 때문이다.

그것은 어쩌면 우리의 몸속에 있는, 적자생존과 종족

보존이라는 유전자의 코드에서 나오는 것인지도 모른다. 우리 인간은 지난 수만 년 동안 우리가 좋아하는, 우리의 생존과 번식에 도움이 되는, 우리 몸에 좋은 것들을 먼저 선택해 왔다. 그 결과 자기를 좋아하거나 칭찬하는 상대를 좋아하고 자기의 단점보다는 장점을 얘기해 주는 사람을 더 좋아하게 됐다. 물론 그 와중에서 우리가 싫어하는, 우리한테 도움이 안 되는, 우리 몸에 나쁜 것들은 계속 배척할 수밖에 없었을 것이다. 그러다 보니 자기를 비난하거나 비판하는 상대를 싫어하고 쓸데없이 말싸움을 걸어오거나 하기 싫은 일을 하라고 강요하는 사람은 멀리하게 됐을 것이다.

우리가 그동안 해온 선택들 중에는 물론 조금 다른 속성을 지닌 것들도 있었다. 그중 대표적인 것이, 우리와 같거나 비슷한 상대방에게는 호감과 관심을 갖지만 우리와 다르거나 왠지 모르게 이질감이 느껴지는 사람은 배척하거나 무시하는 것이었다. 그 결과 사람들은 자기를 인정해 주고 자기의 말에 공감을 표시하는 상대방은 좋아하지만, 자기가 잘났다고 나서거나 내가 하는 얘기를 중간에서 자르는 상대방은 싫어하게 된 것이다.

또 하나 중요한 사실은 우리의 선택이 대부분 효율을 추구하는 방향으로 이루어져 왔다는 점이다. 그래서 작은 힘으로도 큰 결과를 얻을 수 있는 경우에는 좋아하지만 들어간 것에 비해 나오는 게 적은 쪽은 계속 배척했을 것이다. 그러다 보니 기대도 안 했는데 갑작스런 선물로 나를 기쁘게 해주는 사람은 좋아하게 된 반면, 내 시간을 많이 빼앗으면서도 정작 주는 게 적은 사람은 싫어하게 된 것이다.

오랜 시간에 걸쳐 이루어져 온 이런 선택의 결과, 인간은 지금 매우 이기적인 본성과 본능을 갖게 되었다. 그러니까 이기적이라는 점만 놓고 보면 우리는 모두가 다 똑같은 '인간' 이라고 할 수 있다.

우리들 가운데 어느 누구도 '어떤 상황에서든 나 자신의 생존과 내 욕구의 충족이 우선' 이라는 명제를 부정할 수 있는 사람은 거의 없다. 그것은 자연이 우리 인간에게 심어준 본능이다. 따라서 지구상에 살고 있는 모든 인간이 너나 할 것 없이 다 이기적인 존재이며, 다른 사람보다는 자기 자신에게 더 관심이 많다는 사실을 분명히 인정하기만 한다면, 다른 이들과의 관계를 원만하게 유지해 나가는 일은 우리가 생각하는 것보다 훨씬 더 쉬울 수도 있다.

다시 한 번 요약해 보자.

사람은 누구나 이기적인 존재다.

사람은 누구나 다른 사람보다는 자기 자신에게 더 관심이 많다.

사람은 누구나 다른 사람들로부터 존경과 인정을 받고 싶어 한다.

이 진리를 바꿀 수 있는 사람은 이 세상에 아무도 없다.

그러니 친구든 선생님이든 고객이든 상관없이 다른 사람을 만나러 가기 위해 자리에서 일어설 때는, 위의 세 가지 진리를 다시 한 번 되새기며 호흡을 가다듬는 습관을 들이자. 이 진리를 잊지 않는 한 당신은 앞으로 어떤 사람을 만나든 원하는 것을 반드시 얻게 될 것이고, 그 사람과 평생 바람직한 인간관계를 유지해 나갈 수 있을 것이다.

Chapter
2

대화의 주도권을 상대방이 쥐게 하라

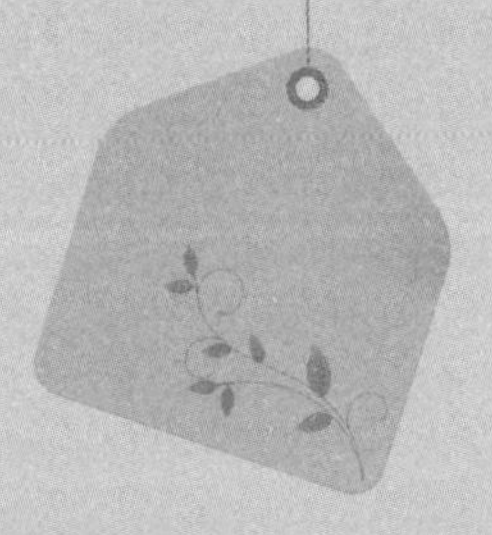

Skill with People

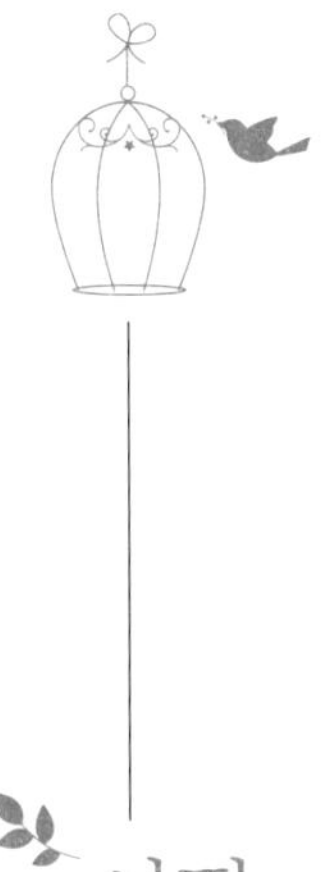

어떤 얘기든 다른 사람과 대화를 나눌 때는 꼭 잊지 말아야 할 것이 있다. 내가 그 사람을 만나 처음 꺼내는 얘기 속에 상대방이 가장 듣고 싶어 하는, 그 사람이 가장 흥미 있게 생각하는 내용이 반드시 담겨 있어야 한다는 점이다. 그렇다면 상대방이 가장 듣고 싶어 하는 내용이 과연 무엇일까?

바로 그 사람과 관계가 있는, 그 사람에 관한 얘기이다!

상대방이 내가 자주 만나는 사람이냐 아니냐는 그다지 중요하지 않다.

중요한 것은, 상대가 누구든 그 사람을 만나는 순간 내가 꺼내는 첫마디 속에 그 사람 자신이나 그 사람 주변에 관한 얘기가 반드시 들어 있어야 한다는 점이다.

어떤 사람을 만나는 순간 내 입에서 나오는 첫마디가 자기와 관계있는 내용이라면 상대방은 어떤 반응을 보이게 될까? 틀림없이 내가 하는 말에 귀가 솔깃해지지 않을 수 없을 것이다. 그리고 그 내용이 좋은 것인지 나쁜 것인지 따지고 생각할 겨를도 없이, 상대방은 자기도 모르는 사이에 내가 하는 얘기에 서서히 귀를 기울이게 될 것이다. 왜 그럴까? '이 사람이 지금 내 얘기를 하고 있다.'는 걸 누구보다도 상대방 자신이 먼저 알기 때문이다.

만나자마자 자기에 관한 얘기를 하고 있는 나를 바라보면서 그 사람은 '도대체 이 친구가 이런 얘기를 하는 이유가 뭘까?' 하고 머리를 굴리게 될 수도 있고, '얘가 왜 갑자기 내 얘기를 하는 거지?' 하며 궁금해할 수도 있다. 어쩌면 자기한테 관심을 가져주는 나에 대해 까닭 모를 호감을 갖게 될지도 모른다.

누구를 만나든 상대방에 대한 얘기를 먼저 꺼내면서 대화를 시작하면 전반적인 대화의 분위기가 아주 부드러워진다. 왜 그럴까? 상대방에 관한 얘기를 먼저 꺼낸다는 것은 내가 그 사람에게 관심을 갖고 있다는 것을 보여주는 것이고, 그것은 내가 그의 존재를 충분히 존중하고 있다는 걸 드러내는 일이기 때문이다.

이와는 달리, 다른 사람을 만난 자리에서 상대방이 아니라 나 자신에 관한 얘기부터 먼저 꺼내면 어떤 일이 벌어질까? 상대방은 어쩔 수 없이 내가 하는 말을 들으면서도 어딘지 모르게 불편한 기색을 보일 것이다. 상대방의 기분이나 생각은 전혀 개의치 않고 내 얘기부터 늘어놓는 것은 상대방의 존재는 물론 그 사람의 인간적인 본성을 무시하는 행위이기 때문이다. 그런 행동은 '난 당신한테는 관심이 없어요.' 라거나 '난 당신이 원하는 걸 해줄 생각이 전혀 없어요.' 라고 말하는 것과 다를 게 없다.

그러니 적어도 다른 사람들을 만나고 있는 동안만큼은, 어쩔 수 없이 나 자신에 관한 이야기가 나오게 만드는 몇 가지 단어들을 아예 머릿속에서 지워버린다는 생각을 해 보자.

나이가 어리든 많든 상관없이, 대부분의 사람들은 말을 시작할 때 자기중심적이거나 자기주도적인 단어들을 무심코 문장의 맨 앞에 갖다 붙이는 버릇이 있다. '내가, 나를, 나의, 내 것' 같은 단어들이 바로 그런 것들이다.

물론 내가 갖고 있는 생각이나 신념 같은 것을 확실하게 보여줘야 할 필요가 있을 때는 그런 단어들을 동원하는 것도 괜찮다. 하지만 상대방으로 하여금 내 생각이나 내가 하고자 하는 얘기에 호감을 갖게 하고 싶다면, 나 자신을 먼저 앞세우거나 내 주장을 강요하는 그런 표현들은 가급적 피하는 게 좋다.

나 자신을 먼저 앞세우는 말보다 훨씬 더 강력한 힘을 가진 단어들은 얼마든지 많다. 그런 단어들 가운데에서도 대표적인 것이 바로 '너, 선생님, 어르신' 같이, 상대방으로 하여금 문장의 주어를 먼저 차지하게 하는 말들이다.

몇 가지 예를 들어보자.

"너한테 도움이 될까 해서 하는 얘긴데……."

"선생님께서 그렇게 해주신다면……."

"어르신께서 어떻게 생각하실지 모르지만……."

다른 사람과 이야기를 시작하면서 이런 단어들을 맨 앞에 꺼내야 하는 이유가 무엇일까?

상대방은 분명 뭔가 할 얘기가 있어서 내가 먼저 만나자고 한 사람이거나, 내 얘기를 들어주기 위해 일부러 없는 시간을 내서 내 앞에 나타나 준 사람이다. 그런 사람한테 내 얘기부터 먼저 꺼내는 것은 대화의 주도권을 내가 차지하겠다는 욕심을 드러내는 것과 다를 게 없다. 그리고 그 사람 앞에서 '내가, 나를, 나의, 내 것' 등과 같이 자기중심적이고 이기적인 단어들을 사용한다면, 상대방은 내가 어떻게 해서든 자기보다 조금이라도 유리한 입장에 서기 위해 그런 말을 하는 것이라고 생각하게 된다.

그런데 내가 그런 욕심과 의도를 처음부터 포기하면서, 대화를 주도할 수 있는 기회와 권리를 상대방에게 기꺼이 넘긴다면 어떤 일이 생길까? 자기를 먼저 생각해 주는 내 마음가짐과 배려에 감동한 나머지, 상대방이 먼저 대화의 분위기를 좋은 방향으로 끌고 가기 위해 노력할 것이다.

그뿐이 아니다. 나중에 자기가 알고 있는 사람들 중에서 가장 기분 좋은 사람이나 가장 매력적인 사람을 꼽으라고 했을 때, 그는 나와의 대화를 떠올리며 주저 없이 내 이름을 맨 위에 적어 넣을 것이다. 그렇게 해서 내가 그 사람에게 기분 좋은 친구, 매력적인 젊은이로 인정받게 되면 어떤 결과가 나타날까? 나는 그 사람이 하게 될 이런저런 생각이나 여러 가지 의사결정에 매우 긍정적인 영향력을 행사하는 사람이 될 수 있다.

물론 그런 사람이 되는 것이 생각처럼 간단한 일은 아니다. 그리고 그렇게 되기 위해서는 오랜 기간에 걸쳐 꾸준한 자기 훈련과 노력이 필요한 것도 사실이다. 하지만 그런 노력의 결과는 당신이 상상하는 것 이상으로 큰 보상이 되어 돌아올 것이다.

다른 사람과 대화를 하면서 그 사람이 자기 자신에 대해 갖고 있는 이기적인 관심을 잘 활용하는 방법에는 여러 가지가 있다. 그중 하나가 바로 그 사람으로 하여금 먼저 자기 이야기를 하도록 유도하는 것이다.

우리 연구소에서 그동안 경험한 바에 의하면, 이 세상

의 모든 사람들에게는 누군가에게 꼭 들려주고 싶은 자기만의 이야기가 있다. 그래서 기회가 생기고 제대로 들어줄 사람만 나타난다면, 언제든 자기 이야기를 들려주고 싶어 하는 이들이 의외로 많다.

그러니 다른 사람들을 만나는 동안에는 상대방이 자기 이야기를 할 수 있는 기회와 분위기를 최대한 만들어주면서 그가 하는 이야기에 귀를 기울이는 자세를 보여주자. 몇 번만 그렇게 하다 보면, 당신은 머지않아 많은 이들이 서로 앞다투어 만나고 싶어 하는 최고의 대화 상대라는 말을 듣게 될 것이다. 아래의 예와 같은 몇 가지 질문만으로도 그런 결과는 쉽게 만들어 낼 수 있다.

"너희 어머니 편찮으시다고 들었는데, 지금은 어떠셔?"

"네 누나 이번에 대학에 합격했다며? 경사 났겠네?"

"선생님 고견이 궁금합니다. 어떠신지 말씀해 주시겠어요?"

물론 그다지 바람직스럽지 않은 예도 얼마든지 많다. 상대방이 “우리 고향에 땅이 좀 있는데…….”라며 은근히 자랑하는 말을 꺼냈다고 하자. 그런데 그 말을 듣고 나서 나도 질 수 없다는 듯이 “나도 고향에 땅이 꽤 많아.”라고 맞받아치고 나서면 어떤 일이 벌어질까? 상대방이 하려고 하는 이야기의 흐름이 끊어질 뿐 아니라 대화의 주체마저 순식간에 바뀌게 된다.

상대방이 자기 고향에 있는 땅 자랑을 한다면, 차라리 “고향이 어디신데요?”라거나 “그쪽에 앞으로 신도시가 들어선다던데 요즘 땅값이 꽤 올랐겠네요?” 하고 확실하게 물어보는 게 좋다. 내 입에서 그런 말이 나오는 순간, 누구한테든 자랑하고 싶어 입이 근질거리던 상대방은 눈치 빠르게 기분 좋은 질문을 던지는 나를 바라보며 신 나게 이야기보따리를 풀어놓을 것이다.

사람들을 만나 얘기를 나누다 보면 ‘어떻게 해야 내가

하고 싶은 얘기를 제대로 할 수 있을까?' 하는 궁리를 하면서 머릿속으로 이런저런 계산을 할 때도 있고, '이 친구가 어떻게 생각하든 내가 할 말만 확실하게 하면 되잖아!' 하는 생각에 내 얘기만 장황하게 늘어놓을 때도 있다.

하지만 그렇게 나를 중심에 놓고 생각하다 보면 내 앞에 있는 상대방에 대해서는 제대로 신경을 쓰지 못하게 되고, 결국에는 상대방이 나와의 만남을 불편하게 생각하는 상황이 올 수밖에 없다. 그러니 적어도 다른 사람과 대화를 할 때는, 내 얘기를 어떻게 하느냐보다는 상대방 얘기를 어떻게 듣느냐가 훨씬 더 중요하다는 사실을 반드시 명심할 필요가 있다.

다른 사람들과 대화할 때의 요령을 다시 한 번 정리해 보자.

상대방에 관한 이야기를 먼저 꺼내자.

상대방이 항상 대화의 주도권을 갖게 하자.

상대방이 끝까지 자기 이야기를 계속할 수 있게 배려하자.

이 세 가지를 습관으로 만들어갈 수 있다면, 당신은 언제 어디서 누구를 만나든 그 사람이 가장 좋아하는 최고의 대화 상대가 될 수 있을 것이다.

Chapter
3

사람은 누구나 대접받고 싶어 한다

Skill with People

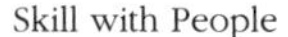

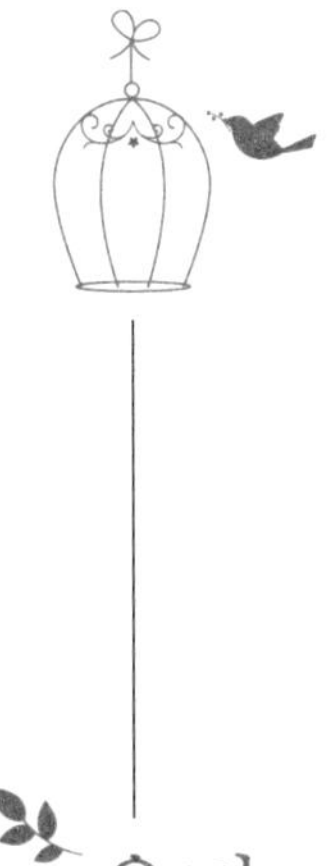

우리 인간이 지닌 가장 보편적인 속성은 무엇일까? 나를 포함한 이 세상 모든 사람들이 공통적으로 지니고 있는 욕구는 어떤 것일까? 좋은 일이든 나쁜 일이든, 사람들로 하여금 뭔가를 하지 않고는 못 배기게 만드는 가장 강렬한 본성은 과연 무엇일까?

그것은 바로 남들로부터 대접받고 싶고 인정받고 싶은 욕구다.

사람들은 누구나 남들로부터 아주 중요한 사람, 꼭 필요한 사람으로 인정받고 싶어 한다. 그런데 우리가 지니고 있는 이런 욕구는 모든 세상 사람들이 그토록 소중하게 생각하는 '체면'이라는 가면 뒤에 살짝 가려져 있을 때가 많다. 따라서 성공한 사람이거나 지위가 있는 사람 또는 이름이 널리 알려진 사람이라고 해서 다른 이들로부터 존경과 인정을 받고 싶은 욕구가 덜할 것이라고 지레짐작해서는 안 된다.

어쩌면 성공한 사람이나 지위가 높은 사람들일수록 보통 사람들보다 훨씬 더 그런 욕구가 강할 수도 있고, 더 자주 그리고 더 확실하게 남들이 자기를 칭찬해 주는 말을 듣고 싶어 할지도 모른다. 과거에 인기가 높았던 어떤 유명 연예인이나 저명인사가 최근 들어 심각한 불안 증세나 우울증 같은 정신 질환을 앓고 있다는 소식을 듣게 될 때가 가끔 있다.

그들이 그런 고통을 겪는 데에는 여러 가지 이유가 있겠지만, 그중에는 한창 이름을 날리던 시절처럼 사람들의 관심과 주목을 받고 싶은 강렬한 욕구를 제대로 충족

시키지 못해서 힘들어하는 이들도 있을 것이다.

그러나 아무리 평범한 보통 사람이라고 해도, 남들한테 별 볼 일 없는 존재로 취급받는 걸 좋아할 사람은 이 세상에 아무도 없다. 누구든 남들에게서 자기를 무시하거나 자기 체면을 깎아내리는 말을 듣게 되면, 상대방이 그런 말을 한 의도나 배경을 따져보기에 앞서 먼저 기분부터 나빠지는 게 인지상정이다. 그런데 일단 내 기분이 나빠지고 나면 상황이 거기서 끝나지 않는다는 게 문제다.

누군가가 나를 무시한다는 것은 말 그대로 나를 '없는 사람' 으로 취급한다는 뜻이고, 그것은 곧 나의 존재를 인정하지 않는다는 의미가 된다. 그런데 상대방이 나를 인정하지 않는다는 것을 확인하는 순간, 사람들은 어떻게 해서든 자기의 존재를 인정받고야 말겠다는 생각을 하게 된다.

상대방이 내 체면을 깎았다면 무슨 수를 써서라도 체

면을 세우려고 할 것이고, 그가 내게 상처를 입혔다면 어떤 방법으로든 그에게 내가 입은 것 이상의 상처를 주려는 행동을 하게 된다. 그렇게 해서 처음에는 별것 아닌 것 같았던 말 한 마디 때문에 격렬한 싸움이 일어나고, 아주 조그만 불꽃 하나가 엄청난 연쇄 폭발을 일으키게 되는 것이다.

그러나 여기서 우리가 잊지 말아야 할 것이 있다. 인류 역사상 인간의 존엄성을 영원히 무시하거나 말살하려는 시도가 성공한 적은 한 번도 없다는 사실이다. 수백만의 유대인을 학살한 히틀러의 광기도 결국에는 제3제국의 멸망으로 끝나고 말았다. 어쩌면 굳이 그렇게 거창한 역사적 사실까지 들출 필요도 없을지 모른다. 남을 무시하는 사소한 언행 때문에 일어나는 다툼과 분쟁은 지금 이 시간에도 우리 주변에서 얼마든지 많이 볼 수 있으니까.

이 세상의 모든 사람들은 누구라 할 것 없이 자기의 존재 가치를 인정받고 싶은 욕구에 굶주려 있다. 따라서 상대방을 바라보며 마음속으로 '이 친구 별거 아니잖아.' 하고 생각하는 한, 당신은 절대로 그 사람을 감동시킬 수도 없고 설득시킬 수도 없다.

그렇게 인정받고 싶어 하는 사람들의 욕구를 애써 외면하거나 무시하려고 해본들 내게 도움 될 일이 하나도 없다는 걸 안다면, 차라리 상대방을 적극적으로 인정하고 존중하는 쪽으로 내가 먼저 생각을 바꾸는 게 현명한 선택일 것이다. '내가 나 자신을 이 세상에서 누구보다도 소중한 존재라고 생각한다면, 상대방 또한 자기 스스로를 더없이 소중한 사람으로 생각하고 있을 것이다.' 이렇게 생각해 보자는 것이다.

그리고 일단 그렇게 생각을 바꿨다면 그 생각을 좀 더 확실하게 행동으로 드러낼 필요가 있다. 그러기 위해서는 어떤 사람을 만나든 내가 그를 아주 중요한 사람으로 생각하고 있다는 것을 상대방이 분명히 느낄 수 있게 해줘야 한다. 상대방의 존재 가치를 제대로 인정해 주고,

상대방 또한 내게서 소중한 사람으로 대접받고 있다는 느낌을 확실하게 갖게 해주는 비결이 과연 무엇일까? 다음의 일곱 가지 습관 속에 그 해답이 있다.

1 상대방의 말에 귀를 기울이자

친구나 다른 사람을 만나 대화를 나누는 동안 내가 상대방의 말에 귀를 기울이지 않는다면 그는 어떤 생각을 하게 될까? 아마도 '내 말이 말 같지 않아? 내 얘기가 그렇게도 재미없어? 내가 정말 이렇게 별 볼 일 없는 사람이란 말이야?' 하는 생각을 할 것이다. 그것은 상대방의 자존심을 가장 확실하게 깎아내리는 방법이다.

그와는 달리 내가 상대방의 말을 귀담아듣는 태도를 보이면 어떻게 될까? 그는 '이 친구가 귀담아듣는 걸 보니 내 얘기가 재미있는 모양이지? 그러고 보면 나도 꽤 괜찮은 사람인가 봐?' 하는 생각을 할 것이다. 그것은 상대방으로 하여금 자기 스스로를 중요한 존재로 생각하게 만드는 가장 좋은 방법이다.

다 아는 사실이지만, 그냥 듣는 모습과 귀를 기울이는 태도에는 분명 차이가 있다.

2 박수와 칭찬을 아끼지 말자

아무리 허물없이 지내는 사이라 하더라도 그 사람이 남들한테서 박수 받을 만한 일이나 행동을 했을 때는 지체 없이 뜨거운 박수를 쳐주자. 그리고 그 사람이 당연히 칭찬받을 만한 일을 했다면 주저 없이 마음속에서 우러나오는 칭찬을 아끼지 말자.

우리나라 사람들이 박수와 칭찬에 인색하다는 말을 하는 이들이 많지만 곰곰이 따지고 보면, 우리가 원래 그런 일에 익숙하지 않아서라기보다는 평소 연습과 훈련이 부족해서 그런 게 아닐까 싶다.

내가 마음속으로 아무리 상대방을 인정한다고 해도, 두 손바닥을 맞부딪치지 않으면 박수 소리는 절대로 나지 않는다. 내가 아무리 그 사람을 대단하게 생각한다고 해도, 입 밖에 소리 내어 칭찬하지 않으면 상대방은 절대로 내 마음을 듣지 못한다.

3 상대방의 이름을 자주 불러주자

다른 사람과 대화를 할 때는 중간 중간에 상대방의 이름을 자주 불러주자. 상대방의 이름을 불러주는 것은 '당신의 존재를 기꺼이 인정한다.' 는 친근감의 표현이기도 하지만, 상대방으로 하여금 '나는 지금 내 이름을 불러준 사람과 이야기를 하고 있다.' 는 사실을 수시로 깨닫게 해주는 방법이기도 하다.

내가 그의 이름을 불러주었을 때
그는 나에게로 와서
꽃이 되었다.

내 앞에 있는 사람의 이름을 불러주는 것은 그를 기분 좋게 하는 일일 뿐만 아니라, 그가 나와 얘기를 하는 동안 대화 전체의 방향 감각을 잃지 않도록 안내해 주는 등대 역할을 하기도 한다.

4 대답하기 전에 한 번 더 생각하자

상대방이 질문을 하자마자 기다리기라도 했다는 듯이 총알같이 대답을 하는 이들이 더러 있다. 선착순이나 퀴

즈 게임이라면 그런 순발력이 도움이 될지도 모른다. 그러나 보통의 대화에서 그렇게 대답을 서두르다 보면 상대방의 질문 의도와는 전혀 다른 엉뚱한 답변이 튀어나올 수도 있고, 그 답변을 들은 상대방은 '이 사람이 내 얘기를 제대로 듣지 않고 있었구먼.' 하며 오해를 할 수도 있다.

그런 사태를 방지하기 위해서는 대답하기 전에 질문한 상대방을 바라보면서 한 번 더 생각하는 듯한 자세를 보여주는 게 좋다. 그와 같은 동작은 '내가 당신의 질문 내용에 대해 진지하게 생각하고 있으며, 당신의 질문이 타당할 뿐만 아니라 충분히 시간을 갖고 검토해 볼 만한 가치가 있다고 생각한다.'는 것을 은연중에 알려주는 행동이기 때문이다.

다만 한 가지 염두에 두어야 할 것은, 대답하기 전에 잠깐 생각하는 것과 어떤 대답을 해야 할지 몰라 머뭇거리는 것은 분명 다른 행동이라는 사실이다. 따라서 얼른 마땅한 대답이 떠오르지 않을 때는 시간을 질질 끌기보다는 "좀 더 생각해 보고 나서 말씀드리겠다."면서 일단은 다른 사람에게 답변의 기회를 넘겨주는 것이 더 현명한 방법이다.

5 대화의 주인공이 상대방이란 걸 잊지 말자

앞에서도 설명했지만, 대화의 주도권을 상대방에게 양보하기 위해서는 '내가, 나를, 나의, 내 것'과 같은 자기중심적인 표현은 아예 처음부터 '내 사전에 없다.'고 생각하는 것이 좋다. 물론 내 얘기를 빨리 해야겠다는 생각이 앞서다 보면 나도 모르는 사이에 그런 표현이 튀어나올 수도 있다. 그럴 때는 어떻게 해야 할까?

잠시 호흡을 가다듬으며, 내가 상대방을 만나는 목적이 무엇인지를 곰곰이 생각해 보자. 눈코 뜰 새 없이 바삐 돌아가는 이 세상에서 아무런 목적도 없이 다른 사람들을 만나고 다닐 만큼 정신적으로나 시간적으로 여유가 많은 사람은 그렇게 흔치 않다. 꼭 내 사업과 관련 있는 것이 아니더라도, 다른 이들을 만날 때는 나름대로 이유와 목적이 있기 마련이다. 문제는 그 이유와 목적에 충실한 만남이 되게 하기 위해 내가 얼마나 제대로 노력하느냐이다.

'내가 이 사람한테서 원하는 것은 과연 무엇일까?'

다른 사람을 만날 때는 한 번쯤 이런 질문을 스스로에게 던져볼 필요가 있다. 나 자신의 자존심을 높이는 것인가? 그렇다면 얼마든지 내 자랑을 늘어놓아도 상관이 없다. 상대방이 나를 인정하든 안 하든, 내 얘기를 풀어놓는 것만으로도 어느 정도는 기분이 좋아질지 모르니까.

그러나 상대방으로부터 인정을 받거나 내 사업과 관련해서 상대방의 허락이나 승인을 받고 싶다면 아무리 마음이 급하더라도, 내 얘기를 먼저 앞세워서는 안 된다.

대화가 끝난 후 내가 원하는 것을 얻게 해주는 사람은 내가 아니라 내 앞에 앉아 있는 상대방이기 때문이다.

6 상대방과의 만남을 특별한 시간으로 만들자

나를 만나주는 사람은 자기의 소중한 시간을 내게 투자하는 사람이다. 따라서 그와의 만남을 특별한 의미와 성과가 있는 시간으로 만들어야 할 책임은 꼭 한 번 만나달라고 부탁한 내 쪽에 있다.

모든 만남의 약속에는 기다리는 시간과 만나는 시간 그리고 만남 뒤의 시간이 있다. 생텍쥐페리의 《어린 왕자》에 나오는 다음 구절을 생각해 보자.

'네가 오후 네 시에 온다면, 난 세 시부터 행복해질 거야.'

상대방이 나를 기다리는 동안을 행복하고 기분 좋은 시간으로 만들어주기 위해서는 어떻게 해야 할까? 그가 나와의 만남을 기다리고 있다는 사실을 내가 잘 알고 있을 뿐만 아니라, 그처럼 소중한 시간을 내주는데 대해 내가 더없이 고마워하고 있다는 것을 상대방에게 분명하게 알려줘야 한다.

내가 그 사람을 아주 특별한 존재로 생각하고 있다는 사실을 상대방이 확실히 느끼게 해주는 것이야말로 상대방과의 만남을 특별한 시간으로 만드는 지름길이다.

7 집단의 구성원 모두에게 관심을 보여주자

여러 사람이 모여 있는 집단을 만나다 보면 그 집단에서 중요한 위치에 있는 한두 사람에게만 관심을 갖게 되는 경우가 있다. 그래서 나를 그 모임에 초대해 준 사람이나 행사 진행자와는 반갑게 인사를 나누거나 이런저

런 얘기를 주고받으면서도, 정작 내 얘기를 듣기 위해 오랜 시간 동안 자리에 앉아 기다려준 사람들에게는 특별한 관심을 기울이지 않는 경우가 많다.

그러나 아무리 큰 집단이라 하더라도, 내가 만나는 사람들은 그 속에 있는 개개인들이라는 사실을 잊지 말아야 한다. 그들은 모임의 전체 분위기를 일정한 방향으로 끌고 나가는 힘을 지닌 사람들이며, 그 집단에서 중요한 위치에 있는 한두 사람보다 훨씬 더 소중한 존재들이다. 따라서 많은 이들을 한꺼번에 만날 때는 그 집단을 이끌고 있는 사람이나 모임을 주관하는 사회자는 물론, 그 집단이나 모임의 구성원 한 사람 한 사람에게도 똑같이 관심을 보여주어야 한다.

아무리 뛰어난 사람도 일단 어떤 집단 속에 들어가게 되면 전체 구성원의 일부가 될 수밖에 없다. 그리고 그렇게 전체의 일부가 된 사람들은 왠지 모르게 자기의 존재가 위축되는 것 같은 느낌을 갖기 마련이다. 그런 사람들

앞에 서서 내가 적절한 기회에 그들의 이름을 부르면서 특별한 관심을 보여준다면, 그들은 많은 사람들 속에 섞여 있는 자기들의 존재를 한껏 인정해 주는 내게 더없는 호감을 드러낼 것이다.

상대방의 자존심을 살려주는 것은 다른 사람들이 나를 좋아하게 만드는 가장 좋은 습관이다.

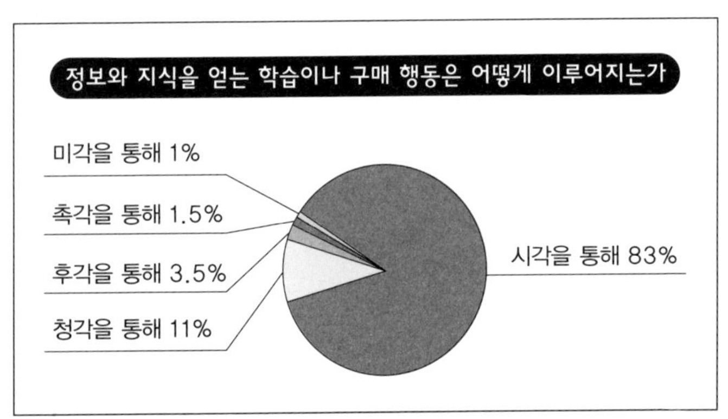

Chapter
4

상대방이 옳다면 확실하게 인정하라

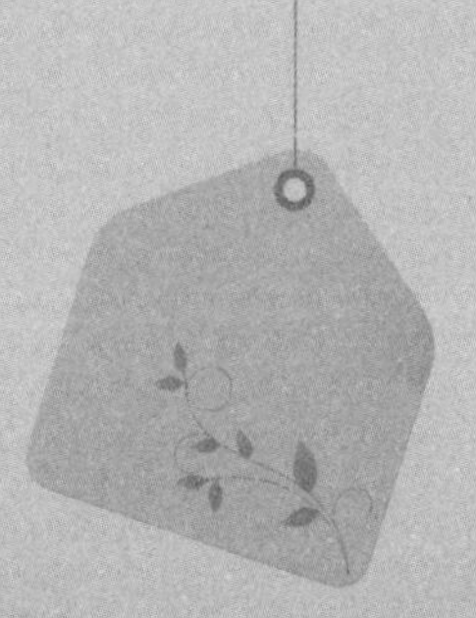

Skill with People

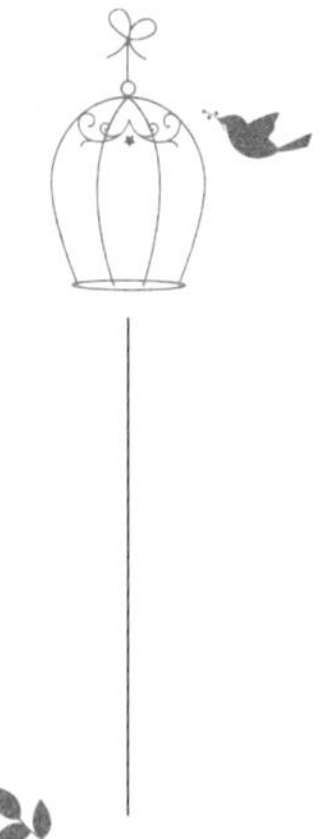

우리의 삶은 다른 사람들과의 관계를 어떻게 유지하느냐에 따라 그 모습이 천차만별로 달라진다. 이 세상에서 다른 이들과 어떤 형태로든 관계를 맺지 않고 살아갈 수 있는 사람은 거의 없기 때문이다. 그런 점에서 볼 때, 타인 즉 다른 사람들은 우리의 성공과 행복에 똑같이 영향을 미치는 공통분모라고 할 수 있다.

다른 사람들이 나의 성공과 행복에 커다란 영향을 미치는 요인이라면, 그들과의 관계를 보다 좋은 쪽으로 이끌어 나가는 일은 내가 살아가는 동안 피할 수도 없고 또 피해서도 안 되는 필수 과제인 셈이다. 어쩌면 그것은 내게 주어지는 이런저런 과제를 해결하기 위해 몸부림을 치거나, 인생의 궁극적인 목표를 달성하기 위해 남몰래 애를 쓰는 것보다 훨씬 더 중요한 일일지도 모른다.

그렇게 중요한, 그리고 그토록 나의 성공과 행복에 지대한 영향을 주는 다른 사람들과의 인간관계를 보다 원만하게 이끌어나가기 위해서 내가 가장 먼저 길러야 하는 습관이 무엇일까?

바로 다른 사람들의 의견이나 행동에 대해 시의적절하게 공감을 표시하는 습관이다.

상대방의 생각이나 행동에 대해 공감을 나타내는 습관은 요즘같이 모든 게 복잡하게 얽혀 돌아가는 시대를 살아가는 우리가 절대로 소홀히 취급해서는 안 되는 비장의 무기라고 할 수 있다. 누구나 쉽게 갖출 수 있는 이 간단한 습관만큼 우리에게 실질적인 도움을 줄 수 있는 것도 그리 흔치 않기 때문이다.

사람들은 자기와 생각이 다르거나 하는 행동에 차이가 있는 상대방에 대해 거부감 내지 적대감을 드러낸다. 경우에 따라서는 그런 차이를 해소한다는 명분을 내세워 상대방의 의견이나 행동을 물고 늘어지거나 일방적으로 비난하기도 한다. 그러나 과거 어느 시대보다도 커뮤니케이션의 기술이 발달한 요즘 세상에서 남을 윽박지르거나 몰아붙이는 식으로 내 주장을 강요하거나 내 욕심을 채우려고 한다면, 그야말로 시대에 뒤떨어진 사람이라는 평판을 면하기 어려울 것이다.

남들과 생각이 다르다고 해서 언쟁을 하거나 다투는 일은 어떤 바보라도 할 수 있다는 사실을 잊지 말자. 다른 사람들의 생각이나 행동에 공감할 수 없는 부분이 있다 하더라도, 좀 더 자세히 들여다보면 비록 작은 것이나마 나와 통하는 점이 있을지도 모른다. 그러니 모든 사람들이 잘못됐다며 꼬집고 지적하더라도 나만은 상대방에게서 뭔가 인정해 줄 수 있고 공감할 수 있는 점을 발견하기 위해 노력하는 사람이 되어보자.

몇 번만 그렇게 하다 보면 어떤 상황에서도 상대방을 인정할 수 있는 습관이 생길 것이고, 그런 습관이 몸에 붙게 되면 남들로부터 현명하고 너그러우며 통찰력 있는 사람이라는 말을 듣게 될 수도 있을 테니까.

내가 만나는 상대방에게 효과적으로 공감을 표시하는 방법에는 다음 여섯 가지가 있다.

1 마음의 문을 활짝 열어두자

내 의식 속에 어떤 생각이 자리 잡게 하기 위해서는 그 생각이 들어올 수 있을 만큼 내 마음의 문턱이 충분히 낮아야 하며, 그 생각이 들어와 머물 수 있는 공간 또한 충분해야 한다. 무엇보다도 중요한 것은, 나와 생각이나 행동이 다른 사람들이라도 언제든 거리낌 없이 말을 걸어올 수 있도록 내 마음의 문을 활짝 열어놓는 일이다.

적어도 '저 사람은 항상 다른 이들의 의견을 잘 들어주는 사람이야.' 라는 평판을 듣게 될 때까지는, 아무리 상대방의 의견이 내 마음에 들지 않더라도 너그럽게 받아들일 수 있도록 꾸준히 노력해 보자. 문이 넓으면 넓을수록, 문턱이 낮으면 낮을수록 들어올 수 있는 사람도 그만큼 많아진다.

상대방이 옳다면 확실하게 인정해 주자

상대방의 생각이나 행동이 옳다는 것을 알았을 때는 그에 대해 확실하게 동의한다는 표시를 해주자. '틀린 건 아니군.' 하며 슬그머니 뒤로 빠지거나 '그럴 수도 있겠지 뭐.' 하며 마지못해 인정하는 태도로는 상대방에게 내 마음을 충분히 전달할 수 없다. '당신이 옳다는 걸 잘 알고 있을 뿐만 아니라 당신의 의견에 전적으로 동의한다.'는 것을 상대방이 알게 하기 위해서는 분명한 행동으로 내 마음을 표현해야 한다.

그러자면 어떻게 해야 할까?

상대방을 바라보면서 고개를 끄덕여주는 동시에, "네 말이 맞다."거나 "사장님의 의견에 동의합니다." 또는 "선생님의 말씀이 옳습니다."라고 분명한 목소리로 말해야 한다. 마음속으로는 수긍을 하면서도 겉으로는 우물쭈물하거나 머뭇거리는 태도를 보이면, 상대방은 나를 소극적이거나 솔직하지 못한 사람으로 잘못 생각할 수도 있다.

3 의견이 다를 때는 가급적 말하지 말자

일란성 쌍둥이도 자세히 살펴보면 어딘가 다른 구석이 있다. 이 세상 사람들 중에서 똑같이 생긴 얼굴이 없듯이, 아무리 내게 우호적인 사람들 속에서도 나와 똑같은 생각을 가진 사람을 만나기란 그리 쉬운 일이 아니다.

그런데도 불구하고 우리는 다른 사람과 조금만 의견 차이가 나도 '어떻게 네가 그럴 수 있느냐?' 며 열을 올릴 때가 많다.

사람의 말은 날이 선 칼과도 같다. 날카로운 쪽으로 상대방을 꼼짝 못 하게 만들 수도 있지만, 아무리 날이 무딘 칼도 쓰기에 따라서는 얼마든지 사람을 다치게 할 수 있다. 그런데 어떤 칼을 휘두르든, 칼을 쓰다 보면 어쩔 수 없이 상대방에게 상처를 입히게 되어 있다.

그러니 상대방의 의견이 내 생각과 달라서 그의 말에

동의할 수 없다면, '나와 이 사람의 생각이 이렇게 다르구나.' 하는 것을 확인하는 선에서 조용히 칼을 거두는 게 낫다. 꼭 필요한 경우가 아니라면, 굳이 부정적인 생각이나 반대 의사를 입 밖에 꺼내어 휘둘러본들 어느 누구에게도 득이 될 게 없기 때문이다.

말로써 말이 많으니 말 말을까 하노라.

말을 참는다는 게 얼마나 어려운 일인지 알고 싶다면, 다른 사람을 만난 자리에서 실제로 하고 싶은 말을 참는 훈련을 한 번 해보자. 입안에서 뱅뱅 도는 말을 참느라 입이 근질근질해질 수도 있겠지만, 한편으로는 '내가 이 정도로 말을 참지 못하는 사람이었나?' 하는 생각에 스스로도 깜짝 놀라게 될지 모르니까.

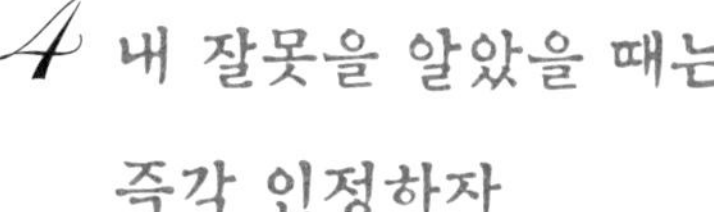

4 내 잘못을 알았을 때는 즉각 인정하자

내 말이나 생각이 틀리다는 것을 알게 됐을 때 그걸 선선히 인정할 수 있는 사람은 그리 많지 않다. 내 잘못이나 실수를 인정하는 순간 어떤 위협이나 불이익이 생길지도 모른다는 걱정과 함께 자존심이 상하는 기분이 들 수도 있기 때문이다. 그래서 사람들은 대부분 거짓말을 둘러대거나, 아니라고 잡아떼거나, 자기와는 전혀 무관한 일이라며 어떻게 해서든 빠져나갈 궁리를 한다.

그러나 잘못됐다는 걸 알았을 때 내 실수를 있는 그대로 인정하고 나면, 사람들은 오히려 자신의 잘못을 과감하게 드러낼 줄 아는 나를 격려하면서 눈앞에 벌어진 문제 상황을 해결하기 위해 같이 노력해 줄지도 모른다. 물론 그런 습관을 갖추기 위해서는 평소에 상당한 연습이 필요하겠지만, 그 연습은 항상 한두 마디 말에서부터 시작된다는 걸 잊지 말자.

내 말이나 생각이 틀렸을 때는 쓸데없이 머리를 굴리기 전에 먼저 "이런, 내가 그만 실수를 했구먼." 하고 솔직하게 털어놓거나, "제 말이 잘못되었습니다."라고 큰 소리로 인정해 보자. 나를 비난하거나 비판하기 위해 일어서던 사람도 제풀에 슬며시 주저앉을지 모르니까.

5 불필요한 논쟁에는 끼어들지 말자

사람과 사람이 관계를 맺으면서 살아가는 이 세상에서 가장 형편없고 가장 비생산적인 기술이 무엇일까? 바로 논쟁의 기술이다. 따라서 아무리 내 생각이나 입장이 옳다고 생각하더라도, 다른 사람과 목소리를 높여가며 논쟁을 벌이는 일만은 가급적 피하도록 노력해 보자.

논쟁을 하는 동안 사람들은 자기가 옳고 상대는 틀렸

다는 것을 보여주기 위해서 기를 쓴다. 그러나 다른 사람들과의 논쟁에서 완전한 승리를 거두겠다고 작심하는 순간, 그 논쟁은 소득도 없고 재미도 없는 전시용 이벤트로 끝날 수밖에 없다는 것을 잊지 말아야 한다.

논쟁을 통해서 궁극적으로 승자가 될 수 있는 사람은 이 세상에 아무도 없다. 그리고 설령 이긴다고 해도, 논쟁이 끝난 후에는 대부분 가까웠던 친구까지 잃게 되는 경우가 많다. 혹시나 하는 기대감에 텔레비전의 심야토론이나 시사토론을 시청해 본 사람들이라면 이게 무슨 뜻인지 잘 알 것이다.

그래도 꼭 논쟁을 벌여야겠다면, 나나 상대방을 위해서라도 어느 정도는 여지를 남겨두는 걸 잊지 말자. 무엇보다도 중요한 것은 나와 논쟁을 벌이던 상대방이 자기의 주장이나 입장이 잘못되었다는 것을 깨달았을 때, 체면을 구기지 않으면서도 자기 논리의 함정에서 점잖게 빠져나올 수 있도록 도와주는 것이다.

누군가를 설득한다는 것은 상대방으로 하여금 내 생각을 받아들이게 하는 게 아니라 나와 상대방을 불필요한 논쟁으로부터 구해 낸다는 것을 뜻한다. 이와 마찬가지로, 유능한 협상가는 백 보를 양보하면서라도 어떻게든 합의점을 찾아보려고 노력하는 사람이지 내 주장이 옳다며 무조건 밀어붙이는 고집불통이 아니다.

6 싸움은 일단 피하고 보자

이 세상의 모든 싸움꾼들이 생각하는 것은 오로지 단 하나, 싸우는 일밖에 없다. 걸핏하면 싸우기 좋아하는 사람들을 다루는 가장 좋은 방법은 과연 무엇일까? 일단은 그들과의 싸움에 휘말리지 않는 것이다.

내가 싸우지 않겠다며 자리를 피하면 그들은 처음에는 입에 거품을 물고 달려들지도 모른다. 그러나 오래 지나지 않아 거품이 가라앉고 열이 식어버리면 그들은 결국 스스로 머쓱해하면서 슬그머니 물러설 수밖에 없다.

이런 일이 일어나는 이유는 생각보다 간단하다.

사람은 누구나 자기 말이 옳다고 얘기해 주는 이들에게는 호감을 갖는다.

사람은 누구나 자기 말에 토를 달거나 동의하지 않는 이들은 싫어한다.

사람은 누구나 자기 말에 대해 좋은 반응이 없을 때는 기분이 나빠진다.

우리가 상대방의 생각이나 행동에 대해 공감을 표시하는 습관을 제대로 들여야 하는 이유가 바로 이 세 가지다. 다른 사람을 만나는 동안 이 세 가지를 잊지 않을 수 있다면, 당신은 틀림없이 상대방이 좋아하는 사람이 될 수 있을 것이다.

Chapter 5

잘 들어주는 사람이 예뻐 보인다

Skill with People

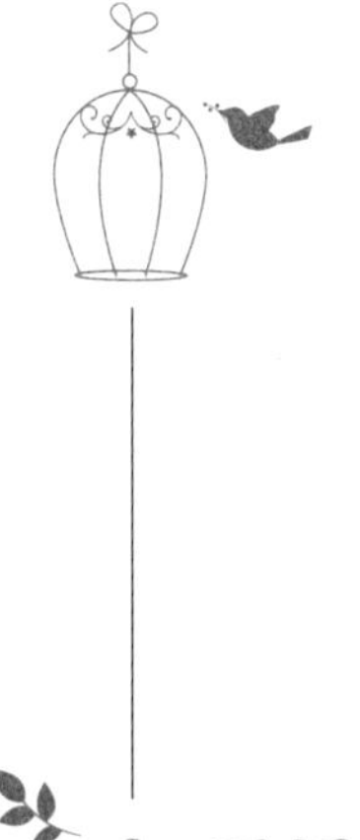

누구든 내 얘기를 잘 들어주는 사람은 예뻐 보일 수밖에 없다. 그리고 내 말을 잘 들어주는 사람이 그렇지 않은 사람보다 훨씬 더 편하게 느껴지는 건 인지상정이다. 그러니 상대방이 나를 좋아하게 만들고 싶다면, 상대방에게서 좋은 대화 상대로 인정받고 싶다면, 무엇보다도 먼저 그의 말을 잘 들어주는 사람이 되어야 한다.

다른 사람들로부터 호감을 얻는 이들은 어떤 재주를 갖고 있을까? 그들은 남들 앞에서 말을 잘하는 사람들일까 아니면 남들의 이야기를 잘 들어주는 사람들일까? 사람에 따라 생각이 다르겠지만 적어도 대화의 효율이라는 측면에서만 보면, 말재주가 좋은 사람보다는 남의 이야기를 잘 들어주는 사람이 한 수 위라고 할 수 있다.

이 세상의 모든 사람들에게는 누구나 자기가 가장 잘 알고 있고 가장 좋아하는 대화의 주제가 있다. 그게 무엇일까?

바로 '자기 자신'에 관한 얘기다.

누구보다도 잘 알고 있고 어떤 것보다도 좋아하는 얘기이기 때문에, 사람들은 기회가 생길 때마다 자기 얘기를 남들에게 들려주고 싶어 한다. 그래서 그들은 틈만 나면 이렇게 말한다.

'제발 내 얘기 좀 들어봐.'

그러니 누구든 자기 얘기를 귀담아들어주는 사람이 나타났을 때 그 사람을 좋아하지 않을 까닭이 없는 것이다.

상대방이 내 얘기를 잘 들어주면 나 자신도 모르는 사

이에 마음속에 품고 있던 이런저런 얘기를 술술 풀어놓게 될 때가 있다. 내가 누구인지, 내가 원하는 게 무엇인지, 내가 어떤 계획을 갖고 있는지, 또 내 얘기를 듣는 상대방에 대해 평소 어떻게 생각하고 있었는지 등등. 잘 들어주는 사람만 있으면 누가 '시키지 않아도' 저절로 나오는 게 바로 '자기 얘기'다.

좋은 인간관계란 서로 간에 의사소통이 원활하게 이루어지는 관계다. 그것은 주고받는 게 분명해야 하고, 어떤 행동에 대한 반응이 확실하고 예측 가능해야 유지될 수 있는 관계다. 그것은 또한 아는 만큼 보이고 보이는 만큼 가까워지는 관계이기도 하다. 따라서 상대방에 대해 모르는 부분이 있으면 두 사람 사이에는 그만큼 거리가 생길 수밖에 없고, 일단 거리가 생기고 나면 서로가 서로에게 감동을 줄 수 있는 기회도 그만큼 줄어들게 된다.

그런데 상대방이 '자기 얘기'를 풀어놓는 것을 귀담아 들어주다 보면 어떤 일이 생길까? 상대방에 대해 몰랐던

부분을 알게 되고, 그에 따라 두 사람 사이에 놓여 있던 거리도 사라지게 된다. 그것은 상대방과 나 사이를 정상적인 의사소통이 이루어지는 관계로 원상회복시키는 소중한 계기가 되기도 한다. 그러고 보면 인생을 살아가는 동안에 남의 말을 잘 들어주는 사람이 되는 것 이상으로 우리의 삶에 도움이 될 수 있는 일도 그다지 흔치 않은 것 같다.

물론 다른 사람의 말을 잘 들어주는 습관이 하루아침에 우연히 생기지는 않는다. 그러나 다음에 소개하는 다섯 가지 방법을 조금만 연습해 두면, 그런 습관을 몸에 붙이는 것도 그리 어렵지는 않을 것이다.

1 얘기하는 상대방과 눈길을 맞추자

우리나라 사람들 중에는 대화를 하는 동안 상대방과

눈길을 마주치지 않으려고 눈을 내리깔거나 시선을 어디에 두어야 할지 몰라 당황한 나머지 상대방을 앞에 두고도 엉뚱한 곳을 바라보며 얘기를 하는 이들이 의외로 많다. 어쩌면 남의 눈을 똑바로 바라보는 것을 예의 없는 행동이라며 금기시했던 유교적 생활환경의 영향인지도 모른다. 하지만 그런 태도야말로 내 앞에 있는 상대방을 외면하는 행동일 뿐만 아니라, 경우에 따라서는 상대방으로 하여금 내가 자기를 무시한다는 느낌을 갖게 할 수도 있다는 걸 알아야 한다.

상대방의 눈과 얼굴을 바라보며 얘기를 하다 보면, 사람이 입으로 하는 것보다 눈과 얼굴 표정을 통해 훨씬 더 많은 말을 한다는 걸 알 수 있다.

뿐만 아니라, 상대방과 눈을 맞추는 동안에는 저절로 상대방의 얘기에 집중하게 되는 부수적인 효과도 생긴다. 그러니까 얘기를 하고 있는 상대방의 눈을 바라보는 것은 그에게 이렇게 말하는 것과 같다.

'얘기를 듣다 보니 당신은 내가 잠시도 눈을 뗄 수 없을 만큼 대단한 사람이군요.'

2 윗몸을 살짝 내밀면서 귀를 세워보자

누군가가 흥미 있는 얘기를 할 때는 자기도 모르는 사이에 윗몸이 앞으로 쏠리는 경험을 한 적이 있을 것이다. 그와는 반대로 상대방이 재미없거나 시답잖은 얘기를 하면 나도 모르게 몸이 뒤로 젖혀지거나 엉덩이를 빼게 될 때가 있다.

강의나 강연을 들을 때도 마찬가지다. 강사가 처음 얘기를 시작할 때는 대부분의 청중들이 몸을 뒤로 젖히거나 고개를 옆으로 삐딱하게 한 자세로 앉아 있기가 일쑤다. 그러다가 강사의 얘기 중에 재미있는 부분이 나오면 자기도 모르는 사이에 옷매무새를 바로잡거나 윗몸을 앞으로 내밀며 강사가 하는 얘기에 집중하려는 자세를 취하는 이들이 하나둘씩 늘어난다. 결국 내 몸의 상체를 어떻게 움직이느냐에 따라 상대방의 얘기를 내가 어떻게 생각하고 있는지가 그대로 드러나는 셈이다.

상대방의 얘기를 듣는 동안 윗몸을 살짝 앞으로 내미는 것은 그의 얘기가 재미있을 뿐만 아니라, 내가 그의 얘기를 한 마디도 놓치지 않기 위해 노력하고 있다는 것을 보여주는 동작이다. 그런 자세를 보이는 나를 바라보며 상대방의 기분이 좋아질 것은 두말할 나위가 없다.

3 질문해야 할 타이밍을 놓치지 말자

아무리 중요하거나 좋은 얘기라도 처음부터 끝까지 나 혼자 북 치고 장구까지 쳐야 한다면 재미도 없고 신 날 일도 없다. 그런데 내가 얘기를 하는 중간에 상대방으로

부터 적절한 질문이나 반응이 나온다면 그거야말로 기분 좋은 일이 아닐 수 없다. 적절한 타이밍에 나오는 상대방의 질문은 그가 내 얘기를 주의 깊게 경청하고 있었다는 것을 증명해 주는 확실한 증거이기 때문이다.

사람들 가운데에는 '질문이야말로 고단수의 아부' 라고 생각하면서, 낯간지럽게 질문을 하느니 차라리 아무 말 않고 열심히 듣기나 하는 게 훨씬 더 점잖은 태도라고 여기는 이들도 있는 것 같다. 그러나 질문이 필요한 시점에서 적절하게 질문을 던지는 것은 분명 상대방을 기분 좋게 해주는 일일 뿐만 아니라, 얘기를 하는 상대방으로 하여금 '내가 지금 이 사람한테 얘기를 하고 있다.' 는 사실을 다시금 환기시켜주는 역할을 하기도 한다.

4 말을 자르거나 중간에 끼어들지 말자

가까운 친구나 잘 아는 친척 중에서 주변 사람들로부터 똑똑하면서도 왠지 모르게 대하기 편한 사람이라는 평판을 듣는 이가 누군지 떠올려 보자.

내 얘기가 끝나기도 전에 항상 어떤 대답이 튀어나올 것 같은 사람인가? 남의 얘기에 잘 끼어드는 사람인가? 아니면 내 이야기를 끝까지 잘 들어주는 사람인가?

어떤 사람과 대화를 하는 동안 그 사람의 자존심을 해치는 가장 좋은 방법이 무엇일까? 그 사람이 하는 이야기를 제대로 듣지도 않으면서 중간에 툭툭 말을 잘라버리는 것이다.

상대방의 얘기를 듣다 보니 나도 모르는 사이에 지루하다는 느낌이 들기도 하고, 뭔가 새로운 화제를 꺼내서 분위기를 바꿔봐야겠다는 생각이 굴뚝같아 엉덩이가 들

썩거린다. 그러나 아무리 안달이 난다 하더라도 상대방이 얘기를 끝내기 전까지는, 절대로 그 사람이 하고 있는 얘기의 주제를 바꾸거나 끼어들려고 애쓰지 말자.

아무리 재미가 없더라도, 이왕 하던 얘기니까 끝까지 마음 편하게 계속 얘기하세 하자. 조금만 시간이 지나면 상대방은 싫은 내색 한 번 하지 않고 자기 얘기를 들어주는 나를 발견하게 될 것이고, 그 순간 미안한 마음과 함께 한없이 고마운 표정을 담아서 내게 환한 웃음을 보여줄 테니까.

5 자기중심적인 표현을 쓰지 말자

같은 얘기를 몇 번이나 반복하는 데에는 나름대로 이유가 있다. 이 책에서 '나는, 나를, 나의, 내 것' 같이 자기중심적이거나 이기적인 표현을 쓰지 말자는 얘기를 여러 번 하는 것은, 다른 사람과 대화를 하는 동안 그런 말을 쓰지 않는 게 정말 어려운 일이기 때문이다.

그런 말을 쓰는 순간 얘기의 초점은 상대방에게서 나한테로 옮겨진다. 그러다 보면 내가 상대방의 얘기를 듣는 게 아니라 상대방이 내 말을 들어야 하는 상황으로 바뀌어버린다. 졸지에 주객이 전도되는 것이다. 그런데 남에게 어떤 얘기를 하는 것과 남들의 얘기를 내가 듣는 것은 분명 목적이 다른 행위다. 상대방의 얘기를 들으러 간 사람이 상대방한테 얘기를 해야 하는 상황에 처하게 됐다면 어떤 일이 벌어질까? 처음에 생각했던 목적은 하나도 달성하지 못한 채, 상대방과의 만남이 별 소득 없이 끝나버리게 된다.

내 얘기를 들어줄 사람이 필요하다면 차라리 친구를 찾아가자. 그리고 마음속 깊은 곳에 담아둔 비밀스런 얘기를 털어놓지 못해 가슴이 터질 지경이라면, 당장이라도 목사님이나 신부님을 찾아가거나 상담 전문가를 만나보는 게 낫다. 그러나 내가 얘기를 들어줘야 할 상대방을 바라보며 내 얘기를 하고 싶은 유혹을 뿌리칠 수 없다면, 아주 잠깐만 마음속으로 눈을 감고 스스로에게 물어보자.

'내가 이 사람 얘기를 들어야 하는 이유가 무엇일까?'

충분히 생각했다면, 당신은 다시 눈을 뜨는 순간 틀림없이 '선생님, 사장님, 어르신' 같이 상대방을 먼저 생각하는 낱말들을 떠올리게 될 것이다.

사람에 따라서는 이제까지 설명한 다섯 가지 방법이 대화의 상대방에 대한 당연한 예의가 아니냐며 과소평가할지도 모른다. 그러나 아무리 정중한 예의와 격식을 갖춘다 하더라도, 상대방의 말을 진지하게 들어주는 것만큼 그를 기분 좋게 하는 습관은 없다는 점을 항상 명심하자.

Chapter
6

상대방이 듣고 싶어 하는 얘기를 들려주라

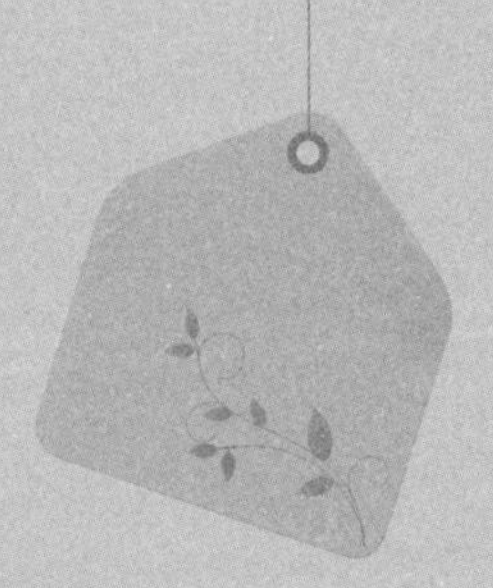

Skill with People

Skill with People

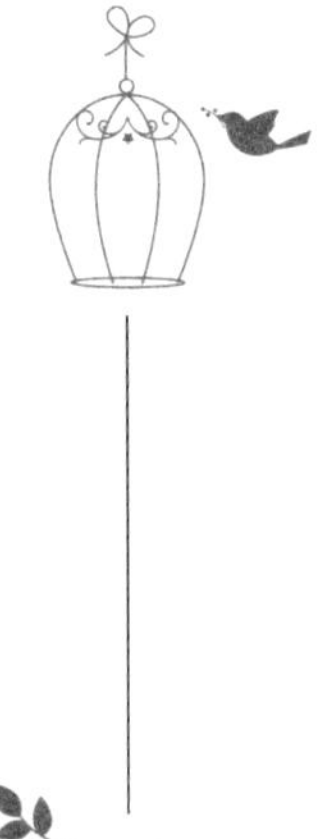

이 세상에서 혼자의 힘만으로 살아갈 수 있는 사람은 아무도 없다. 아무리 능력이 뛰어난 사람이라도 다른 사람이 그를 위해 뭔가를 해주지 않으면 결코 자기가 바라는 것을 얻을 수 없는 게 우리네 인생이다. 우리 주변에서 성공한 사람이라는 평을 듣는 이들을 떠올려 보자. 그들은 어떤 사람들일까?

그들은 다른 사람들로 하여금 자기를 위해 뭔가를 하게 만드는 능력을 지닌 이들이다.

다른 사람들이 나를 위해 어떤 일이나 행동을 해주기

를 바란다면 어떻게 해야 할까? 무엇보다도 먼저 그들이 그 일이나 행동을 해야 하는 이유를 설명해 주어야 한다. 다시 말해서 그들이 어떤 일이나 행동을 했을 경우 얻을 수 있는 것이 무엇인지를 정확하게 알려줘야 한다는 뜻이다. 사람들의 마음을 움직이는 요인이 무엇인지 알 수 있다면, 그들의 몸을 움직이게 하는 방법도 알 수 있기 때문이다.

우리 인간은 한 사람 한 사람 모두가 서로 다른 존재다. 좋아하는 것도 서로 다르고 어떤 일이나 사물에 대한 가치관도 물론 서로 다르다. 따라서 내가 어떤 것을 좋아하니까 상대방도 그걸 틀림없이 좋아할 거라든지, 내가 관심을 갖고 있는 일이면 상대방도 똑같은 관심을 보일 거라는 가정은 처음부터 하지 않는 게 좋다.

어떤 목적을 가지고 다른 사람을 만날 때 우리가 반드시 명심해야 할 것은, '내가 아니라 상대방이' 어떤 것에 관심이 있는지 그리고 '내가 아니라 상대방이' 무엇을 좋아하는지를 정확하게 파악해야 한다는 점이다.

상대방이 관심을 갖고 있는 일이나 그가 좋아하는 것이 무엇인지를 정확하게 알고 나면, 그 사람이 내게서 듣고 싶어 하는 얘기를 틀림없이 해줄 수 있다. 그렇게만 하면 상대방의 마음은 반드시 내가 원하는 대로 움직이게 된다. 그리고 내 얘기를 듣고 나서 그대로 행동에 옮기기만 하면 자기가 원하는 것을 틀림없이 얻을 수 있다는 믿음을 갖는 순간, 상대방의 몸은 반드시 내가 원하는 대로 움직이게 된다.

이것이 바로 다른 사람들의 마음과 몸을 움직이는 비결이자 원칙이다.

우리 속담에 '말 한 마디로 천 냥 빚을 갚는다.' 는 말이 있지만, 천 냥이나 되는 빚을 말 한 마디로 갚기 위해서는 먼저 그 빚이 어떤 것인지, 그리고 빚쟁이가 어떤 생각을 하고 있는지를 정확하게 알아야 한다.

이 원칙이 실제 생활에서 적용될 수 있는 사례는 얼마든지 많다. 내가 어떤 회사의 사장이라고 가정해 보자. 그런데 꼭 같이 일하고 싶은 엔지니어가 한 명 있어서 그 사람을 채용하기 위해 접촉하다 보니, 경쟁사 몇 군데에서도 그 사람에게 꽤 좋은 조건을 제시했다는 사실을 알게 되었다. 여기서 '상대방이 원하는 것을 정확히 파악하라.' 는 설득의 법칙을 적용해 보자.

내가 제일 먼저 해야 할 일은 그 사람이 어느 정도의 직위와 조건이면 우리 회사에서 같이 일을 할 수 있는지, 그리고 여러 가지 채용 조건 가운데에서 그 사람이 가장 중요하게 생각하는 조건이 무엇인지를 알아내는 것이다. 그런데 이런저런 경로를 통해 그가 가장 중시하는 조건이 '승진의 기회' 라는 걸 알아냈다면, 그 사람을 만나는 순간 우리 회사에 얼마나 많은 승진 기회가 보장되어 있는지에 대해 자세히 설명해 줘야 한다.

그가 바라는 것이 '안정된 직장' 이라면, 우리 회사가 얼마나 탄탄한 재무구조를 유지하고 있으며 노사관계를 비롯한 직장 내 근무 분위기 또한 얼마나 좋은지를 있는 그대로 보여줘야 한다. 그 사람이 회사 업무를 하는 동안 '자기 계발' 이나 '다양한 업무 경험' 을 쌓는 것에 관심이 많다면, 우리 회사가 직원들의 능력 계발이나 다양한 업무 경험 축적을 위해 얼마나 많은 배려와 지원을 하는지에 대해 자세히 알려줘야 할 것이다.

여기서 강조하고자 하는 요점은 아주 간단하다.

그 사람이 원하는 것(승진이나 안정된 근무 분위기, 자기 계발이나 다양한 업무 경험의 기회)이 무엇인지를 정확하게 알아냈다면, 그 사람이 내가 원하는 것(그가 우리 회사에 입사하는 것)을 해주기만 하면 자기가 원하는 것을 틀림없이 얻을 수 있다는 믿음을 심어주면 된다는 것이다.

물론 이와는 정반대의 경우에도 같은 원칙이 적용될 수 있다. 내가 꼭 들어가고 싶은 회사에 입사 원서를 내는 경우를 생각해 보자. 지원자인 내가 맨 먼저 해야 할 일은 그 회사나 회사 내의 해당 부서에서 어떤 능력이나 자질 또는 직무 경험을 요구하는지에 대해 철저하게 알아보는 것이다. 그걸 알아야 내가 그 회사에 입사할 준비가 돼 있다는 것을 입증할 수 있기 때문이다. 그 회사가 전화로 고객과 상담을 하는 마케팅 부서의 직원을 채용하려고 한다면, 내가 고객과의 전화 상담에 능숙하다는 것을 보여줘야 좁디좁은 입사의 관문을 뚫고 들어갈 수 있을 것이다.

어떤 회사든 새로 직원을 채용할 때는 그 사람이 일하게 될 부서나 맡게 될 업무를 먼저 결정한 다음 채용 계획을 바깥에 알린다. 그러니까 그 회사에서 어떤 능력과 조건을 갖춘 사람이 필요한지를 알기만 하면, 그 회사가 내게서 알고 싶은 것 즉 '나는 이러저러한 능력과 자격을 갖춘 사람'이라는 얘기를 확실하게 해줄 수 있는 것이다. 이런 원칙을 무시하고 무조건 '뽑아만 주시면 뭐든지 시키는 대로 다 하겠다.'는 식의 대답을 하는 것은, 처음부터 '나는 당신네 회사의 계획이나 요구에는 별로 관심이 없다.' 고 외치는 것이나 다름없는 행동이다.

상대방이 원하는 것이 무엇인지 그리고 상대방이 듣고 싶어 하는 얘기가 무엇인지를 정확하게 알고 싶다면, 반드시 해야 할 일이 있다.

적절한 때에 적절한 질문을 하자.

상대방의 행동을 주의 깊게 관찰하자.

상대방의 말을 귀담아듣자.

다른 사람을 만나 대화를 나누는 동안 이 세 가지 행동이 하나의 습관처럼 자연스럽게 나올 수 있도록 노력해 보자. 머지않아 당신은 남들로부터 틀림없이 이런 평가를 듣게 될 것이다.

'저 사람은 자기보다 남을 먼저 이해하려고 노력하는 사람이야.'

Chapter 7

제3자의 말은 언제나 신빙성이 높다

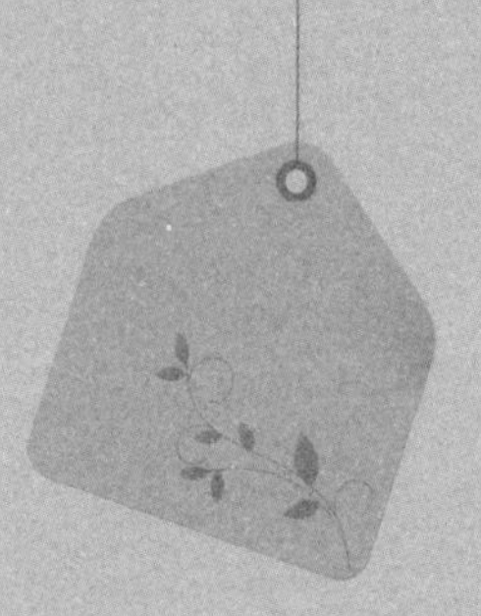

Skill with People

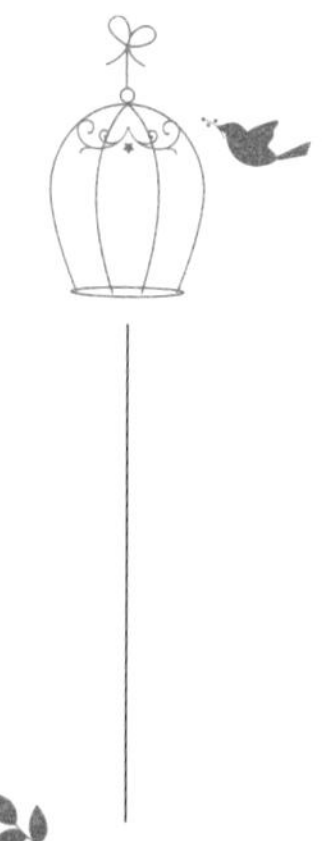

사람은 누구나 이기적인 본성을 지니고 있다. 그런 이기적인 본성의 작용 때문인지는 모르지만, 다른 사람과 나 사이에 이해관계가 걸려 있을 때는 어쩔 수 없이 내 이익을 먼저 생각하는 게 인지상정인 것 같다.

우리 회사에서 만든 제품이나 서비스 상품을 팔기 위해 그것을 살 만한 예상 고객(잠재적 고객, 영어로는 프로스펙트prospect)을 만나는 경우를 생각해 보자. 내가 그 사람에게 우리 회사 제품을 판매하는 것은 나 자신뿐만 아니라 회사의 이익에도 직결되는 일이다. 그래서 대부분의 세일즈맨들은 마음속으로 다음과 같은 계산을 하면서 고객을 만난다. '이 상품 하나를 팔면 회사에는 얼마가 남고 내게는 얼마의 보상이 돌아온다.' 이러한 계산이 머릿속에서 떠나지 않다 보니 고객을 만나는 순간 어떻게 해서든 상품을 팔아야겠다는 생각이 앞서게 되고, 그 결과 나도 모르는 사이에 우리 상품의 장점만 장황하게 늘어놓기 십상이다. 문제는 나의 이익과 고객의 이익이 절묘하게 만나지 않는 한 어떤 의사결정도 이루어질 수 없다는 데 있다.

고객은 자신의 의사결정이 자기에게 어떤 이익을 가져다줄 것인지에만 관심이 있는 사람들이다. 따라서 내가 설명하는 내용을 들으면서 뭔가 탐탁지 않은 구석이 있다거나 '이 사람이 제 이익만 생각하고 있잖아.' 하는 느낌이 드는 순간, 그들은 즉각 의심의 눈초리를 던져온다.

그런데 그런 일이 생길 경우 내가 바라던 판매나 거래는 대부분 그 지점에서 끝날 때가 많다. 과정이야 어찌 됐든 일단 상대방이 품은 의심을 해소하는 일은 상품 하나를 판매하는 일과는 비교가 안 될 정도로 어렵기 때문이다.

그러나 어떤 문제에도 해결책은 있기 마련이다. 내게 중요한 이해관계가 걸려 있는 경우라 하더라도, 얘기를 시작하고 이끌어가는 각도를 조금만 달리하면 상대방의 회의적인 시각을 상당 부분 바꾸어 놓을 수 있다. 그 방법이 과연 무엇일까?

바로 다른 사람 즉, 제3자의 말을 인용하는 것이다.

제3자의 말을 인용하는 것은 내가 아닌 다른 사람으로 하여금 내가 하고 싶은 말을 대신 하게 만드는 방법이다. 다시 말해서 '내가 보기에는 이렇다.' 거나 '나는 이렇게 생각한다.' 며 내 생각을 직설적으로 표현하는 게 아니라, '그 사람은 이렇게 말하더라.' 는 식으로 다른 사람의 입을 빌려 내가 하고 싶은 얘기를 하는 것이다. 제3자를 인용할 경우 또 하나의 장점은 내가 인용한 제3자의 얘기가 거짓말이 아닌 한, 그 사람이 내 옆에 있느냐 없느냐는 그다지 문제가 되지 않는다는 사실이다.

예를 들어 내가 판매하고 있는 세탁기의 수명에 관해 예상 고객으로부터 질문을 받았을 경우, 그 제품이 과연 얼마나 오랫동안 고장 한 번 안 내고 돌아가 줄지에 대해서는 나도 확답을 할 수가 없다. 그럴 때는 몇 년 전 우리 회사의 세탁기를 구입한 이웃집 아주머니가 믿을 만한 증인이 되어줄 수 있다.

"요 앞에 사시는 철수 어머니께서도 3년 전에 이 제품을 구입하셨거든요. 그런데 어제 만나 뵈었더니 아직도 쌩쌩하게 잘 돌아간다면서 오히려 저한테 고마워하시더라고요."

물론 그 자리에 없었지만, 철수 어머니는 나를 대신해서 더없이 훌륭한 추천사를 써준 셈이다. 게다가 철수 어머니가 그 동네에서 조금이라도 영향력이 있거나 평판이 좋은 사람이라면, 거래는 이미 성사된 것이나 다름없다.

내가 꼭 들어가고 싶은 회사에 입사 원서를 냈는데, 사장과 부서장이 나의 직무 수행 능력에 대해 다소 미심쩍어하는 반응을 보이면서 질질 시간을 끈다면 어떻게 해야 할까?

'사실은 그렇지 않다.' 거나 '나는 이러이러한 일에 특별한 능력이 있다.' 면서 자기변호를 하는 것보다는, 전에 다녔던 직장의 사장이나 부서장을 찾아가 추천서를 한 장 써달라고 부탁하는 게 훨씬 더 빠른 해결책이 될 수 있다. 새로운 사업이나 프로젝트를 수주하기 위한 경쟁 입찰에서 과거의 실적 자료를 요구하는 것이나 사건을 맡은 변호사가 소송을 의뢰한 고객의 주장을 입증하기 위해 수많은 증인을 끌어대는 것도, 따지고 보면 제3자의 객관적인 입장을 듣고 싶어 하는 사람들의 심리가 반영된 경우라고 할 수 있다.

이웃의 말 한 마디나 예전 직장의 추천서 한 장이 장황한 설명보다 더 큰 위력을 발휘하는 이유는 무엇일까? 나와 직접 이해관계가 없는 제3자의 말은 비교적 설득력이 높아 보이기 때문이다. 제3자를 인용하거나 다른 사람의 입을 빌려 내가 하고 싶은 얘기를 할 경우, 사람들은 내 얘기의 진실성 여부에 대해 거의 의심을 하지 않는다. 그러나 내 입장이나 이익을 먼저 생각하며 얘기를 할 때는 대개 의심부터 하는 게 인간의 본성이다.

성공한 사람들, 그중에서도 대인관계의 기술이 특별히 좋은 사람들은 어떤 습관을 지닌 이들일까? 그들은 자기 입은 늘 굳게 닫고 있으면서도 필요하다고 생각될 때는 언제든, 다른 사람들로 하여금 자기에 대해 좋게 얘기하게 만드는 방법을 아는 사람들이다.

그러니 다른 사람을 만나 얘기를 해야 할 때는, 잠시 입을 다물고 다음 세 가지를 머릿속에 떠올리는 습관을 들이자.

어떤 사람의 말을 인용하는 게 좋을까?

어떤 사람의 성공 사례를 예로 드는 게 좋을까?

어떤 사실이나 자료, 통계 수치를 활용하는 게 좋을까?

이 세 가지 습관이 몸에 밴다면, 상대방은 언제든 당신이 하는 얘기를 믿어줄 수밖에 없다.

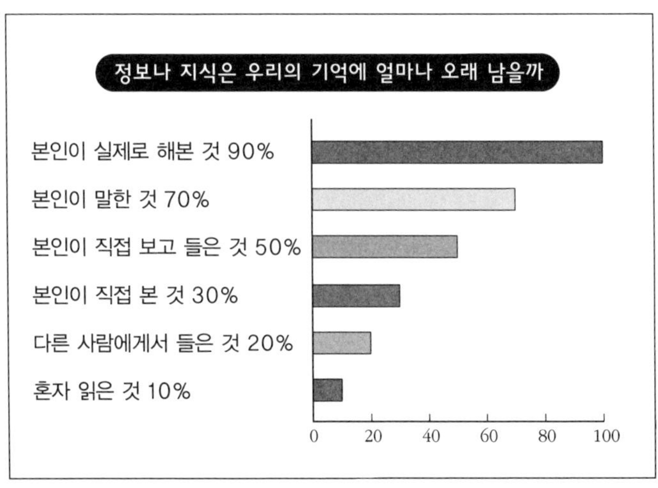

Chapter 8

긍정적인 대답은 긍정적인 질문에서 나온다

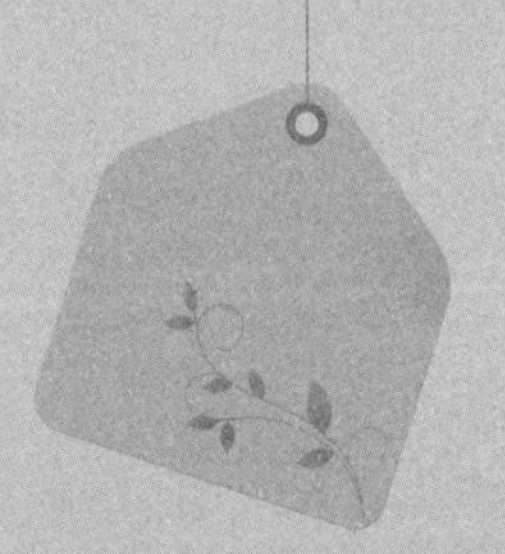

Skill with People

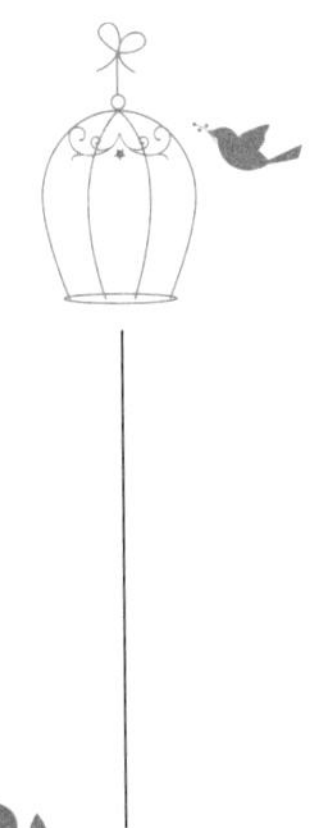

내가 어떤 목적이나 의도를 가지고 사람을 만날 때는 상대방 또한 내 의도가 무엇인지 파악하기 위해 모든 감각을 총동원하게 된다. 그런 상황에서 상대방이 내 질문에 대해 '예.' 나 '그렇다.' 와 같이 긍정적인 답변을 하게 만드는 것은 결코 간단한 일이 아니다. 단순한 요행이나 막연한 어림짐작 또는 잠깐 동안 상대방의 기분을 맞춰주는 것만으로는 선뜻 긍정적인 답변을 얻어내기가 어렵기 때문이다.

대인관계를 잘 이끌어나가는 사람들의 특징 가운데 가

장 두드러지는 것은, 그들이 상대방으로부터 긍정적인 반응을 이끌어내는데 탁월한 능력을 지니고 있다는 점이다. 그들은 결코 상대를 압박하거나 몰아붙이지 않으면서도 어렵지 않게 '예.' 라는 대답을 이끌어낼 줄 아는 사람들이며, 내가 바라는 것을 상대방이 스스로 하게끔 만드는 재능이 뛰어난 사람들이다.

어떻게 하면 그들처럼 상대방으로부터 항상 긍정적인 반응을 이끌어낼 수 있을까? 다음 네 가지 속에 그 해답이 있다.

1 긍정적인 대답을 해야 하는 이유를 분명하게 보여주자

우리가 사는 이 세상에서 일어나는 모든 일에는 반드시 이유가 있기 마련이다. 따라서 누군가가 나를 위해 어떤 일을 해주기를 바란다면, 그 사람이 그 일을 해야 하

는 타당한 이유를 분명하게 보여줘야 한다.

그때 내가 제시하는 이유를 상대방 스스로가 기꺼이 수긍할 수 있는, 다시 말해서 그 사람 스스로가 '이건 내 이익을 위해서라도 당연히 해야 하는 일이야.' 라는 생각을 할 정도로 확실한 것이어야 한다. 그걸 무시한 채 나한테는 이익이 되지만 상대방에게는 아무런 도움이 안 되는 이유를 늘어놓으면 어떻게 될까? 상대방은 내 의도를 의심할 수밖에 없을 것이고 결국에는 일 자체를 그르치게 될 것이다.

여기서 특히 조심해야 할 것이 있다. 상대방이 나를 위해 어떤 일을 해야 하는 이유를 설명할 때는 그 일을 해줄 경우 상대방이 얻게 될 이익에 대해서만 알려주라는 것이다. 그 일을 통해 내가 얻게 될 이득에 대해서까지 굳이 설명하려고 애쓸 필요는 없으니까.

2 긍정적인 대답이 나올 수밖에 없는 질문을 하자

. . .

상대방에게서 항상 긍정적인 대답을 얻어내고 싶다면 무엇보다도 먼저 내가 하는 얘기에 대해 상대방이 긍정적으로 생각할 수 있는 마음의 준비를 갖추게 해줘야 한다. 그런 긍정적인 분위기는 다음에 예로 드는 몇 가지 질문만으로도 간단하게 만들어 낼 수 있다.

"선생님 가족이 건강해질 수 있다면 좋으시겠죠?"

(안 좋은 사람도 있나?)

"사장님이 돈을 벌 기회가 생긴다면 기쁘시겠죠?"

(두말하면 잔소리지.)

긍정적인 질문이란 상대방으로부터 반드시 긍정적인 대답이 나올 수밖에 없는 질문을 뜻한다. 이런 질문의 이면에 숨어 있는 원리는 아주 간단하다. 상대방이 내 얘기를 듣는 동안 긍정적인 생각을 할 수밖에 없는 상황을 만들어준다면 그가 내 질문에 대해 긍정적인 대답을 할 가능성은 그만큼 높아지는 것이다. 그러기 위해서는 질문을 하는 동안 다음 두 가지를 반드시 염두에 두어야 한다.

첫째, 긍정적인 질문을 할 거라는 암시를 확실하게 준다. 그러자면 질문하는 동안 머리를 끄덕이는 게 좋다.

둘째, 문장의 주어를 상대방에게 양보한다. 즉 '사장님은……' 처럼 상대방을 항상 먼저 언급한다.

구체적인 예를 들어보자.

"자녀들 공부에 도움 되는 책이 나온다면 사주고 싶으시겠죠?" (머리를 끄덕이며)

"사모님 피부에 딱 맞는 화장품이 있다면 쓰고 싶으시겠죠?" (머리를 끄덕이며)

3 두 가지 긍정적인 대답 중에서 하나를 선택하게 하자

상대방에게서 보다 빨리 긍정적인 대답을 듣고 싶다면, 상대방이 어느 쪽을 선택하든 '예.' 라고 대답할 수밖에 없는 질문을 던져보자. 그렇게 하면 어떤 질문에 대한 답변이든 그 결과는 '예.' 가 될 수밖에 없다. 특히 상대방에게 뭔가를 요구하거나 부탁하는 경우 '예.' 와 '아니오.' 가운데 하나를 선택하게 하는 것보다는 두 개의 긍정적인 대안 중에서 하나를 고르게 하는 쪽이 훨씬 더 효과적일 때가 많다.

상대방으로 하여금 내가 원하는 쪽을 선택하게 만들기 위해서는 상당한 연습과 노력이 필요하다. 어떤 사람과 만날 약속을 잡는 경우를 예로 들어보자.

"김 선생님, 오늘 오후가 좋으세요, 내일 아침이 좋으세요?" (언제를 선택하든 김 선생은 나를 만날 수밖에 없다.)

이런 질문을 하는 게 귀찮거나 어려워서, 언제든 좋으니 그저 시간을 내서 좀 만나달라고 부탁하는 것은 별로 좋은 방법이 못 된다. 그것은 상대방에게 '예.'(만나주겠다.)와 '아니오.'(만나줄 수 없다.) 가운데 하나를 선택하도록 강요하는 것이기 때문이다. 두 가지 긍정적인 대답 중에서 한 가지를 선택하게 하는 질문의 예를 더 들어보자.

"검은색 셔츠가 좋으세요, 흰색 셔츠가 좋으세요?"

("어떤 셔츠가 좋으세요?"보다는 훨씬 빨리 팔린다.)

"내일부터 시작하시겠어요, 화요일부터 시작하시겠어요?" ("언제부터 시작하시겠어요?"보다는 훨씬 빨리 일이 시작된다.)

"카드로 결제하시겠어요, 현금으로 결제하시겠어요?"

("어떻게 계산하시겠어요?"보다는 훨씬 빨리 돈을 받을 수 있게 된다.)

물론 이런 방법이 항상 그리고 모든 경우에 다 통하는 것은 아니겠지만, 상대방으로 하여금 '예.'와 '아니오.' 사이에서 시간을 끌게 하거나 고민하게 하는 것보다 훨씬 더 좋은 방법인 것만은 틀림없다.

미국의 석유 재벌인 존 록펠러도 이와 비슷한 방법을 썼던 적이 있다.

빚쟁이가 사무실로 찾아와 빚을 갚으라고 독촉을 하자 그는 거침없이 수표책을 집어 들며 이렇게 말했다. "그래, 어떤 걸로 드릴까요? 돈으로 할까요, 아니면 스탠더드 오일 주식으로 할까요?" 록펠러의 당당한 질문에 대부분의 사람들은 주식을 선택했고, 그 결과 그들은 상상도 못한 대박을 챙길 수 있었다.

4 긍정적인 대답이 나올 거라는 내 확신을 상대방이 느끼게 하자

사람들과 대화를 하다 보면 처음에는 대부분 다소 애매모호하거나 중립적인 입장에서 얘기가 시작되지만, 시간이 지날수록 대화의 내용이나 주제가 어느 한 방향으로 쏠리는 걸 느낄 때가 있다. 그래서 '어, 나도 모르는 사이에 얘기가 여기까지 흘러왔네?' 하며 놀라는 일이 가끔 생기기도 한다. 왜 그런 걸까?

대화는 서로의 생각을 주고받는 과정의 연속이다. 따라서 상대방이 내가 어느 순간에 드러낸 생각이나 신념을 일단 긍정적으로 받아들이고 나면, 그 사람은 그 다음에 내가 하는 말이나 행동에 대해서도 별다른 의심 없이 받아들일 수 있게 된다. 그리고 그런 과정이 몇 번 반복되다 보면 나중에는 상당한 고민과 심사숙고가 필요한 사안에 대해서도 주저 없이 결정을 내릴 수 있게 된다.

상대방이 내 질문에 대해 반드시 긍정적인 대답을 해

줄 거라는 확신을 갖게 되면 실제로 상대방에게서 긍정적인 대답이 나올 가능성도 높아진다.

그것이 바로 신념의 마력이다. 그러나 그런 신념을 마음속에 품고 있는 것만으로는 부족할 때가 있다.

중요한 것은, 내가 품고 있는 그런 신념이 상대방에게 확실하게 전달되어야 한다는 점이다. 내가 반드시 긍정적인 대답을 듣게 될 거라는 자신감과 확신을 갖고 있다는 것을 상대방이 온몸으로 느낄 수 있다면, 상대방은 거의 틀림없이 긍정적인 대답을 하게 될 것이다.

'믿는 대로 이루어진다.'

이 명제는 꽤 오랜 시간에 걸쳐 검증된 것으로써 대단히 효과적인 자기 설득 기법 가운데 하나다. 그러니 의심하기에 앞서 몇 번만 스스로 실험을 해보자. 한두 번 성공의 경험을 쌓게 되면 그 다음에는 아주 좋은 습관처럼 익숙해질 것이다.

Chapter 9

웃는 얼굴이 당신의 인생을 바꾼다

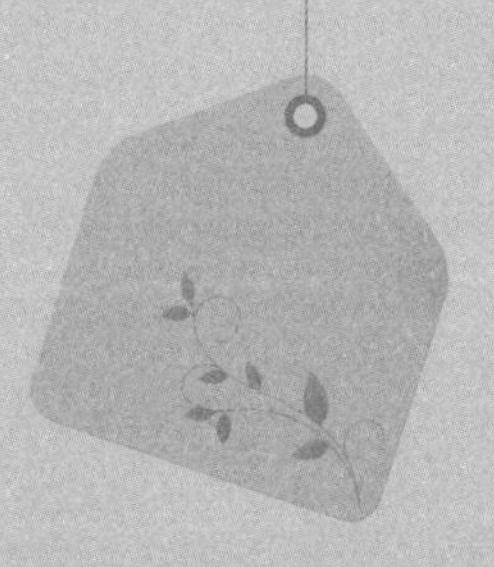

Skill with People

Skill with People

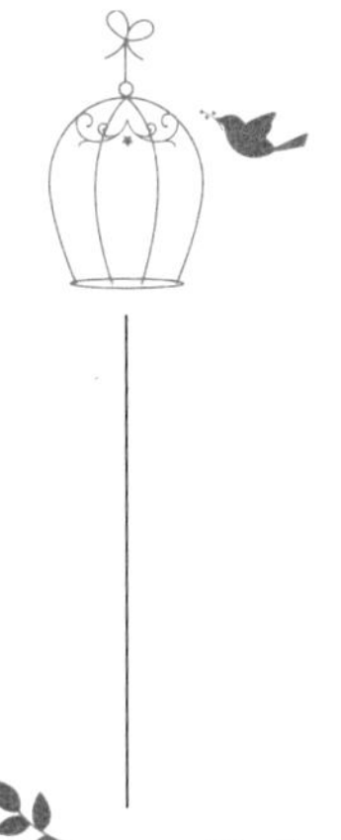

고객을 많이 대하는 직업에 종사하는 이들은 손님이 매장에 들어서는 순간 그가 물건을 살 사람인지 안 살 사람인지를 금세 알아본다고 한다. 워낙 많은 사람을 대하다 보니 사람을 알아보는 일에 관한 한 남다른 동물적 감각이 발달해서 그런 것이겠지만, 그와 비슷한 일은 우리의 일상생활에서도 얼마든지 많이 접할 수 있다.

사람들을 자주 만나다 보면, 어떤 만남에서든 처음 몇 초 동안이 그 만남의 전체 분위기와 결과에 상당한 영향을 준다는 걸 알게 된다. 우리가 다른 사람들을 만날 때 특히 첫인상을 좋게 하려고 이런저런 신경을 쓰는 것도 바로 그 때문일 것이다.

그렇다면 어떤 사람을 만난 순간 그가 첫눈에 나를 좋아하게 만드는 비결이 있기는 한 걸까? 적어도 열 명 가운데 아홉 명 정도는 나를 만난 지 단 몇 초 만에, 마치 십 년을 사귄 친구를 대하듯, 따뜻하고도 친근한 표정을 짓게 만드는 비결이 있을까? 그런 비결이 있다면 그거야 말로 어떤 값을 치르고서라도 반드시 알아내야 할 인간관계의 비밀이 아닐 수 없다. 그게 과연 무엇일까?

상대방을 만난 바로 그 순간, 환한 얼굴로 웃어주는 것이다.

상대가 내가 잘 아는 사람이든 처음 만나는 사람이든 상관없이, 그의 눈과 내 눈이 처음으로 마주치는 바로 그 순간에, '당신을 만나게 되어 정말 반갑다.'는 내 진심을 환하게 웃는 얼굴에 담아 보여주자.

그 다음에 어떤 일이 벌어질까? 우리가 익히 알고 있는 '작용과 반작용의 법칙'에 따라 상대방 또한 나한테 밝은 미소로 화답해 줄 것이고, 그야말로 단 몇 초 만에 두 사람 모두 아주 친근하고도 기분 좋은 상태가 될 것이다.

다른 사람들과 만나서 몸과 마음을 부대끼며 함께 만들어가는 '나의 인생'이라는 연극 속에는 나만이 지닌 독특한 분위기와 느낌, 그리고 나만이 쓸 수 있는 이런저런 무대 장치가 있기 마련이다. 그 연극의 연출을 맡은 사람으로서 내가 배우고 익혀야 할 것은, 연극 전체의 분위기를 어떻게 이끌어갈 것인지, 그리고 그 분위기를 관객들에게 어떻게 전달할 것인지에 관한 아주 구체적인 기술들이다. 그런데 내가 그 기술을 제대로 배우고 활용하지 못한다면 연극을 이끌어가는 연출가의 역할은 다른 사람에게 넘어갈 수밖에 없다. 그것은 내가 원하지 않는, 결코 내 인생의 무대에 올라가서는 안 되는 비극의 서막

이기도 하다.

그뿐이 아니다. 인간관계라는 연극 무대에 자주 올라가는 또 하나의 비극적인 장면은, 내가 상대방에게 무엇을 던지든 그것이 부메랑처럼 곧바로 내게 되돌아온다는 사실을 제대로 깨닫지 못한 채 살아가는 모습이다.

내가 다른 사람들에게 한 줄기의 따뜻한 햇볕을 쬐어주면 나는 머지않아 그들로부터 한 줄기의 햇볕을 되돌려 받게 된다.

내가 다른 이들에게 한 줄기 차가운 바람을 불어 보내면 나 또한 언젠가는 살을 에는 북풍한설을 되돌려 받게 된다. 내가 밝고 희망찬 메시지를 전해 주면 그들 또한 내게 따뜻한 눈빛과 위로의 말을 되돌려주겠지만, 내가 우울하고 비관적인 인상을 전해 준다면 그들이 내게 들려주는 것은 절망의 한숨과 좌절의 탄식밖에 없을 것이다.

거울 앞에 서서 그 속에 있는 자신의 얼굴을 자세히 들여다보자. 내가 웃으면 거울 속에 있는 또 다른 내가 따라 웃고 그 모습을 본 나도 다시 따라 웃게 된다. 내가 찡그리면 거울 속의 나는 참을 수 없다는 듯 찡그린 표정을 짓게 되고 그런 모습을 보는 나 또한 얼굴을 있는 대로 찡그리게 된다.

내가 만나는 사람이 나를 좋아하게 만들고 싶다면, 그 사람을 만난 순간 내가 진심으로 그를 좋아한다는 것을 표정에 담아 보여주자. 그때 중요한 것은 바로 타이밍이다. 처음 만나는 사람의 얼굴을 바라보는 바로 그 순간, 낯선 만남에서 오는 아주 잠깐 동안의 어색한 침묵이 가벼운 인사말 한 마디로 깨지기 전에, 내가 먼저 밝고 환한 웃음을 상대방에게 선사해 보자.

웃는 얼굴에 침을 뱉을 수 있는 사람은 이 세상에 아무도 없다. 웃을 수 있을 때 웃지 못하고 웃어야 할 때 웃지 않는 것은 은행에 돈을 잔뜩 넣어두고도 꼭 써야 할 때

꺼내 쓰지 못해 굶어 죽는 것과 다를 게 없다.

그러니 언제 어디서든 다른 이들을 만날 때는 마치 유명 배우나 일류 모델이라도 된 것처럼 얼굴 가득 환한 미소를 짓는 습관을 들이자. 어떻게 하면 그렇게 될 수 있느냐고? 아주 간단하다. 거울 앞에 서서 혼잣말처럼 다음 단어를 몇 번만 발음해 보면 된다.

'김~치~.'

이 말 한 마디가 우리의 인생을 바꾼다!

Chapter
10

칭찬의 달인이 되는 세 가지 비결

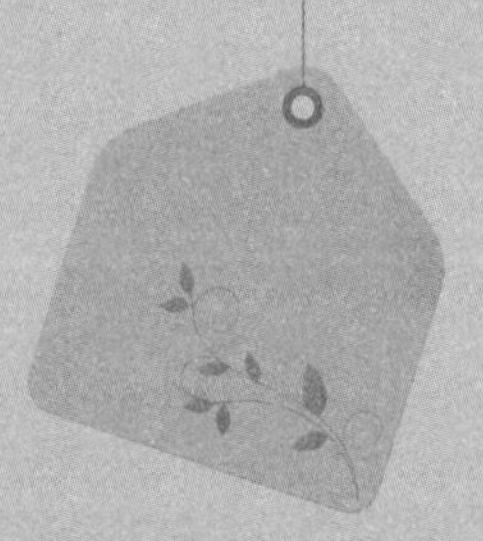

Skill with People

Skill with People

사람이 밥이나 빵만 먹고 살 수는 없는 법이다!

이 세상의 모든 사람들에게는 몸을 위한 양식뿐만 아니라 마음의 양식도 필요하다. 밥이나 빵이 몸을 살찌게 하는 양식이라면 우리의 마음을 키우는 양식은 어떤 것일까? 아무리 돈이 많은 사람, 모든 이들이 부러워할 만큼 성공한 사람에게도 뭔지는 모르지만 허전하고 부족한 게 있기 마련이다. 그들로 하여금 늘 허전한 느낌을 갖게 만드는 것, 채우고 채워도 항상 부족하게만 느껴지는 게 과연 무엇일까?

바로 자기를 칭찬해 주는 다른 사람들의 말이다.

사람들은 누구라 할 것 없이 늘 칭찬과 인정에 굶주려 있다. 아주 우연한 기회에 누군가가 내게 해준 친절한 말 한 마디나 나를 칭찬하는 얘기에 어떤 기분이 들었는지 한 번 떠올려 보자. 그 한 마디의 말이나 칭찬 때문에 하루 종일 얼마나 기분이 좋았는지 그리고 그렇게 기분 좋은 상태가 얼마나 오랫동안 지속되었는지도 기억해 보자.

누구든 나를 칭찬하면 나도 그 사람을 좋아할 수밖에 없다. 앞에서 설명한 '작용과 반작용의 법칙'을 다시 떠올리지 않더라도, 내가 상대방에게 어떤 행동을 보이면 그 사람은 즉각 내게 반응을 하기 마련이다. 내가 상대방에게 친절하고 상냥한 말을 먼저 건네면 상대방은 내가 그런 말을 해주었다는 사실 때문에 나를 좋아하게 된다. 좋은 일은 거기서 끝나지 않는다. 내가 한 말 때문에 좋아하는 상대방을 바라보며 나 또한 기분이 좋아질 수밖에 없다. 그것은 마치 기적이 기적을 낳는 것과도 같다.

그러니 할 수만 있다면 언제든지 다른 사람들을 칭찬하기 위해 노력해 보자. 아무리 마음에 안 드는 사람이라 하더라도 최소한 한두 가지는 칭찬할 만한 구석이 있을지도 모른다. 상대방이 나를 물어뜯기 위해 덤빈다면 '자네 이빨 하나는 정말 단단하군.' 하고 칭찬해 주자.

칭찬을 잘하기 위해서는 남다른 연습과 노력이 필요하다. 그러니 틈이 나는 대로 주변에 칭찬해 줄 만한 사람이 있는지, 그리고 아무리 작은 것이라도 칭찬해 줄 만한 게 있는지 꾸준히 관심을 갖고 찾아보는 습관을 들이자.

그러다가 칭찬할 만한 사람이나 대상이 눈에 띌 때는 주저 없이 즉각 칭찬해 주자.

칭찬을 잘하기 위해서는 칭찬하는 기술도 배워야 한다. 제대로 된 칭찬, 효과적인 칭찬은 어떻게 해야 하는 것일까? 다음 세 가지만 확실하게 익혀두면 누구든 칭찬의 달인이 될 수 있다.

1 내가 하는 칭찬에 진심을 담자

아무리 나이가 어리고 철이 없는 아이라도 지나가는 말로, 그저 듣기 좋으라고, 마지못해 하는 칭찬은 금세 그 뜻을 알아차린다. 속이 들여다보이는 그런 칭찬은 아무리 자주 해도 효과가 없다. 그러니 진심으로 상대방을 칭찬할 마음이 없다면, 그리고 마음에서 우러나오는 칭찬이 아니라면 차라리 하지 않는 게 낫다.

그러나 찾으려고 마음만 먹으면 남을 칭찬해야 하는 이유는 어떻게든 찾아낼 수 있다. 그리고 애써 칭찬할 이유를 찾아냈다면 그리고 내가 하는 칭찬 한 마디로 상대방을 감동시키고 싶다면, 상대방이 아주 특별하다고 느낄 정도로 내 칭찬에 남다른 의미와 진실한 생명력을 불어넣어야 한다.

2 사람이 아니라 그 사람이 한 일을 칭찬하자

칭찬은 분명히 듣는 사람을 기분 좋게 한다. 하지만 칭찬이 어떤 사람의 성격이나 인품을 대상으로 할 경우에는 뜻밖의 문제가 생길 수도 있다. 여러 사람이 같이 근무하는 사무실에서 내가 어떤 직원의 사람 됨됨이에 대해 칭찬할 경우, 그런 칭찬을 듣지 못하는 다른 직원들은 내가 사람을 편애하기 때문에 저 친구만 칭찬하는 거라며 비아냥거릴지도 모른다.

칭찬을 하되 사람을 직접 칭찬하는 것만은 가급적 피해야 한다. 왜 그래야 할까? 어떤 상황에서는 그 사람을 칭찬할 수 있지만, 나중에 상황이 달라질 때는 어쩔 수 없이 그 사람을 비난하거나 비판해야 하는 경우도 생기기 때문이다. 그런 일이 일어나면 지난번에 칭찬을 들은 사람이 '저번에는 나를 칭찬하더니 지금은 왜 나를 비난하느냐?' 며 대드는 낯 뜨거운 상황이 벌어질 수도 있다. 그 경우 더욱 곤란한 것은 지난번에 칭찬을 듣지 못했던 다른 직원들로부터 "당신은 왜 일관성이 없느냐?"는 비판을 피할 수 없다는 점이다.

그런데 어떤 사람의 됨됨이나 인품이 아니라 그 사람이 한 일이나 구체적인 행위에 대해 칭찬해 주면 상대방은 자기가 칭찬을 받는 이유에 대해 훨씬 더 진지하게 생각하게 된다. '아, 내가 이런 일을 했더니 이 양반이 날 칭찬해 주는구나.' 그것은 칭찬받는 사람으로 하여금 '앞으로도 이런 일을 하면 또 칭찬받을 수 있겠구나.' 하는 기대감을 갖게 하는 동시에 더욱더 칭찬받을 만한 행동을 하게 만드는 자극제가 되기도 한다. 구체적인 칭찬의 예를 몇 가지 들어보자.

"이 대리, 지난해 자네 실적이 정말 대단하더군."

("자넨 정말 대단한 사람이야."보다 훨씬 기분이 좋아진다.)

"박 과장, 이번 결산보고서는 정말 멋진 작품이었어."

("당신은 참 훌륭한 직원이야."보다 어깨가 한 번은 더 올라간다.)

"아저씨, 도배하는 솜씨가 정말 일류시네요."

("아저씨, 수고 많이 하셨어요."보다 훨씬 자랑스러워진다.)

3 칭찬의 타이밍을 놓치지 말자

칭찬에는 적절한 타이밍이 무엇보다도 중요하다. 때 이른 칭찬은 기대감만 높일 뿐 좋은 성과를 내는 데에는 별로 도움이 안 된다. 하지도 않은 일에 대한 칭찬은 칭찬을 약속하는 행위에 지나지 않을 뿐만 아니라, 그런 약속은 누구라도 할 수 있는 것이기 때문이다. 아이들이 뭘 사달라고 조를 때 부모들은 '이번 시험에서 성적이 올라가면 네가 사달라는 걸 사주마.' 하고 약속한다. 그러나 그런 약속을 했다고 해서 아이의 성적이 올라가는 경우는 그리 많지 않다.

우리가 살아가는 세상에서 정작 문제가 되는 것은 때늦은 칭찬이다.

당연히 칭찬받을 일을 했는데 칭찬을 받지 못하면 그 일을 한 사람은 '내가 칭찬받을 일을 한 게 아니었구나.'라고 생각하면서 그 일에 대한 흥미와 관심을 잃어버리게 된다. 사랑하는 사람과 만날 약속을 앞두고 있을 때 여자들은 온갖 것에 대해 고민하고 신경을 쓴다. '어떤 옷을 입을까? 머리 모양은 어떻게 하는 게 좋을까? 신발은? 향수는?' 그런데 막상 약속 장소에서 만난 애인은 내 모습엔 관심조차 없는지 시종일관 말이 없다.

기분도 나쁘고 한편으로는 화도 나는 바람에 집에 돌아오는 대로 머리를 풀어헤쳐버렸다. 그런데 다음 날 다시 만났을 때 남자가 불쑥 한 마디를 던진다. "너 어제 보니까 머리 모양이 참 예쁘더라." 그 말을 들은 여자는 어떤 생각을 할까? '그럼 지금은 내 머리 모양이 엉망이라서 밉다는 거야?' 물론 뒤늦게라도 그 말을 들어서 그나마 기분이 좀 풀리기는 하겠지만, 어제 만났을 때 그런 말을 해줬더라면 상황은 180도로 달라졌을 것이다.

칭찬을 하기 위해 뭔가 대단한 사건이나 기발한 일이 생길 때까지 기다릴 필요는 없다. 남을 칭찬할 만한 일은 대부분 예고 없이 우리 눈앞에 나타날 때가 더 많기 때문이다. 아무리 작은 일이라도 상대방을 칭찬할 일이 눈에 띄었을 때는 주저 없이 바로 칭찬해 주자. 그래야 자기가 무엇 때문에 칭찬을 받는 건지 정확하게 알게 된다.

칭찬이 우리에게 주는 기쁨은 받을 때보다 줄 때 더 커진다. 내가 던진 칭찬 한 마디 때문에 다른 사람들이 행복해하고 기뻐하는 모습을 볼 수 있다면, 그런 모습을 대하는 나 또한 더없는 행복과 기쁨을 느끼게 된다.

그러니 정말 행복해지고 싶다면 매일, 최소한 세 사람한테, 한 가지씩만이라도 친절한 말이나 칭찬을 해주는 습관을 길러보자. 그리고 그렇게 했을 때 내 기분이 어떻게 달라지는지, 또 상대방의 행동이 어떻게 바뀌는지 확인해 보자.

남을 칭찬하면 내가 행복해진다.

성격에 따라 칭찬하는 방법도 다르다

미국의 심리학자인 데이비드 커시의 성격 연구에 의하면, 사람의 성격에 따라 칭찬하는 방법도 달라질 필요가 있다.

행동적이고 활동적인 성향이 강한 사람들은 칭찬 자체를 좋아하며 말보다는 물질적인 보상을 바라는 경향이 있다. 이들은 한 마디로 칭찬을 들어야 사는 사람들이기 때문에 아무리 작은 일이라도 그때그때 수시로 칭찬해 줘야 한다.

규칙이나 기준을 중시하는 규범적인 성향이 강한 사람들은 정확하고 예측 가능한 것을 좋아하기 때문에 칭찬받을 만한 일을 했는데도 불구하고 칭찬을 듣지 못하면 실망하거나 쉽게 토라져버린다. 따라서 이들에게는 칭찬해야 할 시점에 틀림없이 칭찬해 주는 게 무엇보다 중요하다.

호기심이 많고 탐구적인 성향이 강한 사람들에게는 칭찬의 이유가 무엇보다 중요하다. 그래서 칭찬받을 일을 한 게 없는데 누가 칭찬을 하면 '저 사람이 왜 저러지?' 하고 의심부터 한다. 이들은 뒤늦게 칭찬을 해도 그 이유만 정확하면 기꺼이 받아들인다.

사람들과의 관계에 특히 민감하고 이상적인 성향이 강한 사람들은 다른 이들의 반응에 신경을 많이 쓰는 편이다. 한 마디로 사람을 많이 타는 성격이기 때문에, 칭찬을 하더라도 누가 하느냐가 아주 중요하다. 이들은 자기가 좋아하는 선생님이나 상사, 그리고 어른들의 칭찬에 특히 기분이 좋아진다.

Chapter 11

비판을 위한 비판은 하지 말라

Skill with People

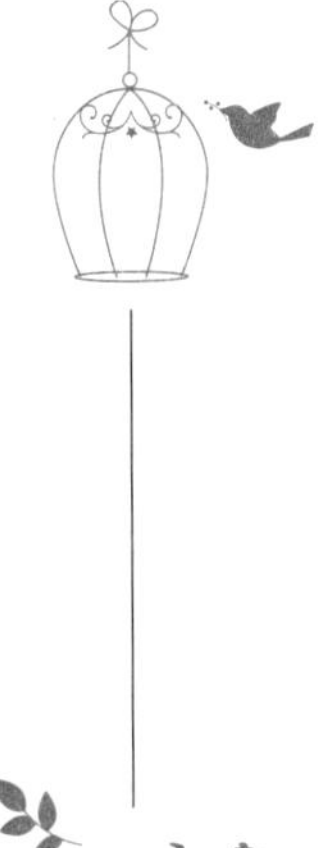

남을 제대로 비판하기 위해서는 무엇보다도 먼저 비판의 본질을 정확하게 이해할 필요가 있다.

이 세상에서 남들로부터 비판받는 것을 좋아할 사람은 아무도 없다. 또한 아무리 정당한 것이라 해도 비판은 또 다른 비판을 불러올 뿐, 절대로 비판받는 사람의 생각이나 행동을 바꾸지는 못한다. 그걸 알면서도 우리는 비판을 통해 상대방을 바꿔보려는 시도를 좀처럼 그만두지 못한다. 그래서 '비판받지 않으려면 비판하지 말라.'는 오래된 가르침에도 불구하고, 우리 주변에서는 비판을 하려는 이들과 비판을 받지 않으려는 이들의 소란스러운 싸움이 끊이질 않는다.

처음에는 전혀 그런 의도가 아니었다고 해도, 상대방의 잘못을 들춰내는데 초점이 맞춰지다 보면 비판이 비난으로 변질되는 경우가 자주 나타난다. 그래서 나와 다른 생각을 가진 상대방을 의도적으로 '찍어내고 말겠다.' 며 적대감을 보이거나, 자기 고집을 굽히지 않고 고개를 빳빳하게 세우는 상대방에게 한 수 단단히 가르쳐 주겠다.' 며 훈계의 칼끝을 겨누는 일들이 벌어진다. 물론 그런 적대감이나 훈계를 통해 내 마음속에 맺힌 응어리를 어느 정도는 풀어버릴 수 있을지도 모른다. 하지만 이미 감정이 섞인 비난으로 변질된 후에는, 어떤 비판으로도 상대방의 마음이나 행동을 돌리지 못한다는 걸 잊지 말자.

그렇다고 해서 비판 자체를 아예 기피하거나 당연히

비판을 해야 할 상황에서 비판하지 않고 넘어가는 것도 그리 바람직한 습관은 아니다. 상대방의 잘못된 행동을 진심으로 고쳐주고 싶은 마음에서 비판을 하는 것이라면, 그리고 상대방의 잘못을 정확하게 지적해서 제대로 비판해 주기만 한다면, 오히려 비판을 통해 훨씬 더 큰 것을 얻어낼 수도 있다.

어떻게 하면 제대로 비판할 수 있고 또 일단 시작한 비판의 효과를 극대화할 수 있을까? 다음의 일곱 가지 습관 속에 해답이 있다.

1 상대방의 체면을 철저하게 지켜주자

아무리 정당한 비판이라 해도 많은 사람들이 지켜보는 앞에서 상대방을 비판하는 것은 결코 현명한 행동이 못 된다. 그러니 내가 비판해야 할 사람이 일단 방 안에 들

어선 뒤에는 문이 제대로 닫혔는지 반드시 확인하는 게 좋다. 문을 닫아야 하는 이유는 또 있다.

비판이 제대로 효력을 발휘하게 하려면 절대로 상대방의 자존심을 건드리거나 체면에 손상이 가게 해서는 안 된다. 내 목표는 제대로 된 비판을 통해 좋은 결과를 만들어내는 것이지 결코 상대방의 자존심을 망가뜨리는 게 아니란 걸 잊지 말자.

혹시라도 자기가 비판받는 소리를 다른 사람들이 들을지도 모른다는 생각을 하게 되면 상대방은 주위의 눈과 귀를 의식할 수밖에 없게 되고, 그러다 보면 비판을 하는 내 얘기에는 제대로 귀를 기울이지 못하게 된다. 그러니 상대방을 비판할 때는 목소리를 최대한 낮추자. 그리고 누구도 엿듣지 못하게 하자.

따뜻한 말이나 칭찬을 먼저 해주자

비판에도 서론과 본론, 결론이 있다. 그리고 혹독하고 신랄한 비판일수록 그 시작은 더욱 부드러워야 한다. 부드러운 시작은 비판을 받는 상대방의 경계심과 거부감을 누그러뜨리는 역할을 하기 때문이다.

상대방이 아무리 비판받아 마땅한 일을 했더라도 서론을 생략하고 곧장 본론으로 들어가는 것은 그리 좋은 방법이 아니다. 자리에 앉자마자 느닷없이 화를 내거나 목소리를 높이며 나무라기 시작하면, 상대방은 자신의 잘못을 생각해 보기도 전에 몸을 잔뜩 움츠리며 경계태세에 돌입하게 된다. 그렇게 단단한 자기 방어 기제가 작동하는 순간, 상대방의 입에서 나오는 건 변명밖에 없게 된다.

엉덩이를 걷어차고 싶다면 먼저 키스를 해주라는 서양 격언이 있다.

본론의 효력을 극대화하기 위해서라도 시작은 부드럽게 하자. 따뜻한 말, 칭찬 한 마디, 그리고 친근한 웃음과 함께.

3 사람이 아니라 그 사람의 행위를 비판하자

누구도 완벽할 수 없는 이 세상에서 사람이 사람을 비판한다는 것은 이미 그 자체가 모순이 아닐 수 없다. 그리고 대부분의 경우 비판을 받아야 할 대상은 어떤 사람이 아니라 그 사람이 한 특정한 행위나 행동의 결과일 때가 더 많다.

상대방의 인간성이나 인격을 비판하다 보면 내가 처음에 생각하고 있던 비판의 본질이 흐려질 뿐만 아니라, 비판이 비난으로 연결되는 악순환의 고리까지 생겨나게 된다. 비판을 하되 절대로 인신공격은 하지 말자. 인신공격은 아주 민감한 뇌관 같은 것이어서, 살짝 건드리는 동작만으로도 걷잡을 수 없이 폭발하게 한다.

이와는 달리 상대방이 한 행동에만 초점을 맞추게 되면 오히려 그 사람의 자존심을 좋은 쪽으로 자극할 수도 있다. "날 이렇게 실망시켜도 되는 거야? 이건 자네 평소 솜씨와는 완전히 딴판이잖아!"

잘못을 지적해 주는 것보다 더 현명한 방법은 상대방으로 하여금 스스로의 잘못을 깨닫게 하는 것이다.

4 비판을 했다면 대안을 제시하자

비판의 목적은 상대방의 잘못을 지적하고 드러내는데 있는 게 아니다.

제대로 된 비판은 상대방으로 하여금 자신의 잘못을 깨닫게 함으로써 똑같은 잘못이나 실수의 재발을 방지할 수 있는 방법을 가르쳐주는 것에 그 목적이 있다. 따라서 상대방이 잘못한 일에 대해 비판을 했다면, 당연히 어떻게 하면 그 일을 제대로 할 수 있는지에 대해서도 대안을 제시해 줘야 한다.

내안을 제시한다는 것은 문제를 제대로 해결할 수 있는 방향과 방법을 알려준다는 것을 뜻한다. 그럼에도 불구하고 이미 저질러진 실수나 잘못 자체에만 초점을 맞추면서 끝도 없이 상대방을 물고 늘어지는 이들이 우리 주위에는 얼마든지 많다.

타당하고 실현 가능한 대안을 제시할 수 없다면, 비판을 위한 비판은 삼가는 게 마땅하다.

5 협조를 요청하되 강요하지는 말자

이 세상에서 다른 사람을 바꿀 수 있는 힘을 가진 이는 아무도 없다.

그러니 상대방이 내 말을 충분히 알아들었다고 해서 그 사람의 생각이나 행동이 바뀔 거라고 기대해서는 안 된다. 자기 자신이 스스로를 바꾸지 않는 한 사람은 절대로 바뀌지 않기 때문이다.

'이번에 단단히 훈계했으니 앞으로는 사람이 달라지겠지.' 비판을 하는 사람들은 대부분 이런 생각을 하지만, 그 생각이 엄청난 착각이었다는 게 드러나기까지는 그리 오랜 시간이 걸리지 않는다. 더구나 상대방의 잘못이나 실수를 귀가 따갑도록 지적해 주고 나서 "앞으로는 반드시 이렇게 해, 알았어?"라고 소리치며 내 확고한 의지를 강요하는 방식으로는 절대로 상대방의 변화를 이끌어낼 수 없다.

말을 물가로 끌고 갈 수는 있지만, 물을 마시고 안 마시고는 말이 선택할 일이다. 힘으로 누르거나 강요하는 것보다는 '이렇게 해주면 고맙겠다.' 며 진심으로 상대방의 협조를 요청하는 방식이 훨씬 더 효과적일 때가 많다.

6 일사부재리의 원칙을 지키자

. . .

아무리 반가운 손님도 사흘이면 냄새가 나고, 아무리 좋은 얘기도 여러 번 들으면 싫증이 나기 마련이다. 하물며 한 번 잘못한 걸 가지고 두고두고 두 번 세 번 거론한다면 웬만큼 속 좋은 사람도 짜증이 나게 된다.

제대로 된 비판은 단 한 번으로 족하다. 그리고 하나의 잘못에 대해서는 한 번만 확실하게 주의를 주는 것으로 끝내야 한다. 대개의 경우 두 번은 불필요하고 세 번은 듣기 싫은 법이다. 이 세상을 살아가는 동안 실수는 병가지상사兵家之常事라는 걸 믿는다면, 지나간 일들을 시시콜콜 들춰내며 상대방의 속을 긁어댄들 달라질 게 없다는 것도 알아야 한다.

7 따뜻하고 우호적인 분위기로 마무리하자

스스로 고쳐 나가게 하는 한편, 상대방과 내가 서로 보다 나은 상황을 만들어가기 위해 같이 노력할 것을 다짐하는데 있다. 따라서 충분히 얘기를 한 것 같은데도 불구하고 뭔가 미진하거나 꺼림칙한 앙금이 남아 있다면 아직도 할 얘기가 끝난 게 아니다. 이왕 시작했다면 확실하게 얘기하고, 어떤 문제든 나중에라도 다시 거론될 수 있는 소지를 절대로 남기지 말아야 한다.

무엇보다도 중요한 것은 처음 시작할 때보다 훨씬 더 따뜻하고 우호적인 분위기에서 얘기를 끝내야 한다는 점이다. '우린 한식구잖아. 그러니까 앞으로도 마음을 합쳐서 열심히 잘해 보자고.'

그렇지 않아도 잔뜩 주눅이 들어 있는 상대방 앞에서, 마지막으로 내 권위를 세워보겠다는 생각에 화를 내거나 큰 소리를 쳐본들 무슨 소용이 있을까? 제대로 비판을 하는 것보다 더 중요한 것은 사람을 잃지 않는 일이다.

Chapter
12

입버릇처럼 항상 고맙다고 말하라

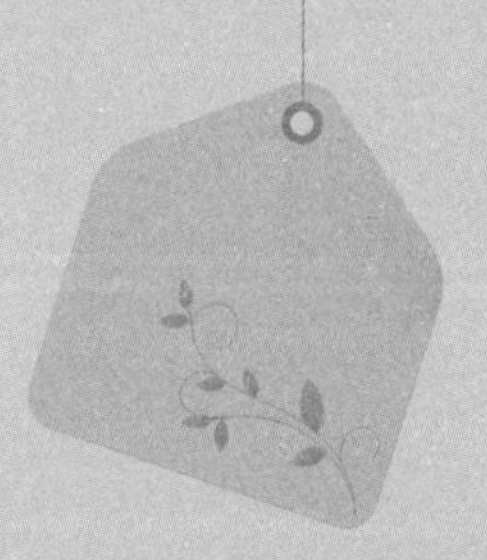

Skill with People

Skill with People

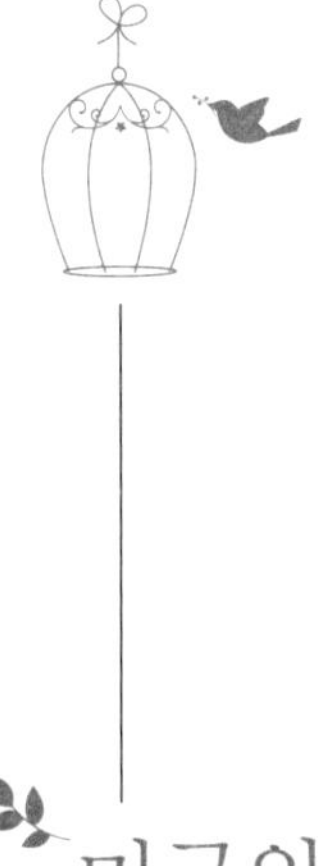

미국의 대부호인 존 록펠러는 '감사할 줄 모르는 사람은 절대로 부자가 될 수 없다.' 고 했다. 나와 함께 이 세상을 살아가는 모든 사람들은 내가 어떤 식으로든 고마워해야 할 존재들이다. 내가 고마워해야 할 사람들 중에는 나를 아끼는 친구나 동료도 있고 내가 좋아하는 선배나 후배도 있다.

그리고 생각하기에 따라서는 선의의 경쟁을 통해 서로의 성장과 발전을 자극하는 경쟁자들도 내가 고마움을 표시해야 할 대상이 될 수 있다.

어떤 사람에게 고마워한다는 것은 내가 고맙게 생각하고 있다는 사실을 그에게 알려준다는 뜻이다. 그런데 당연히 고마워해야 하는 사람을 만난 자리에서도 우리는 '내가 고마워하고 있다는 걸 상대방도 알 거야.' 라고 마음속으로만 생각하며 우물쭈물 넘어갈 때가 많다. 그러나 누군가에게 고마운 마음을 지니고 있다면, 그런 감사를 받아야 할 상대방에게 내 마음을 확실하게 표현해야 한다.

"고맙습니다."

입에 발린 말이 아닌 한, 상대방은 자기에게 고마움을 표시하거나 고맙다는 말을 해주는 나를 좋아할 수밖에 없다. 그리고 그런 말을 하는 내게 어떤 형태로든 긍정적인 반응을 보이기 마련이다. 이것은 어쩔 수 없는 인간의 본성이다.

내가 '고맙다.' 는 말 한 마디를 건네면 그 말은 훨씬 더 큰 것이 되어 내게로 되돌아온다. 상대방의 도움에 대해 고맙게 생각하는 내 마음을 분명하게 알려주면, 그 사람은 다음에도 훨씬 더 가벼운 마음으로 나를 도와줄 수 있게 된다.

하지만 속으로는 고맙다는 생각을 하고 있으면서도 그 생각을 겉으로 드러내서 표현하지 않는다면, 다음번에는 고마운 마음을 표시할 기회조차 아예 없어질지도 모른다. 사소하고 보잘것없어 보이는 그런 작은 기회를 놓치는 바람에 평생을 후회하며 살아가게 되는 일이 우리 주변에는 얼마든지 많다는 걸 잊지 말자.

그러고 보면, 누군가에게 고마움을 표시할 줄 안다는 것은 상대방과 나의 존재를 동시에 인정하고 존중할 줄 안다는 뜻이기도 하다. 다른 이들에게 고맙다는 말을 잘하기 위해서는 어떻게 해야 할까?

1 진심을 담아 고맙다고 말하자

···

고맙다는 말을 입 밖에 낼 때는 고마워하는 게 내 진심이라는 걸 상대방이 분명히 알게 해줘야 한다. 내키지 않는데 마지못해서, 마음속으로는 고마운 생각이 별로 없으면서도 인사치레로 할 수 없이 던지는 말은 삼척동자라도 금세 눈치 챌 수 있다.

진심으로 고마운 생각이 없다면 차라리 입을 다물자. 마음이 담기지 않은 인사는 아무리 횟수가 많아도 전혀 감동을 주지 못한다.

2 분명하고 큰 소리로 고맙다고 말하자

···

이왕에 고맙다는 말을 해야 한다면 우물쭈물하거나 잘 알아듣지 못할 만큼 작은 목소리로 말할 필요가 없다. 고맙다는 말을 하게 돼서 정말 기쁘고 기분 좋다는 듯이 큰 소리로 분명하게 말하자. “고맙습니다!”

들릴 듯 말 듯 기어들어가는 목소리나 낮게 가라앉은 목소리는 상대방으로 하여금 ‘이 사람이 사실은 별로 고마워하지 않는구먼.’ 하는 생각을 하게 만든다.

3 상대방을 똑바로 바라보며 고맙다고 말하자

우리의 눈은 말이나 표정보다 훨씬 더 많은 얘기를 한다. 그래서 고맙다는 인사를 할 때 상대방의 눈을 바라보며 얘기하면 그렇게 하지 않을 때보다 몇 배 더 진한 감동을 상대방에게 전할 수 있다.

누구든 내가 고맙다는 말을 해야 할 사람이라면, 내가 똑바로 바라보지 않으면 안 될 정도로 내게 소중한 일을 해준 사람이라는 걸 잊지 말자.

4 상대방의 이름과 호칭을 불러주며 고맙다고 말하자

고맙다는 말을 해야 할 상대방이 내 앞에 있을 때는 그의 이름과 호칭을 확실하게 불러줌으로써, 내가 다른 사람이 아니라 바로 그 사람에게 감사하고 있다는 것을 분명히 알려줘야 한다. "이 사장님, 정말 고맙습니다."라고 말하는 것과 그저 "고맙습니다."라고 말하는 것은 엄청난 차이가 있다는 걸 잊지 말자.

여러 사람이 모여 있을 경우에도 마찬가지다. 그저 "여러분, 고맙습니다."라고만 해서는 고마워하는 내 마음을 모든 사람에게 똑같이 전할 수가 없다. 모든 이들과 일일이 눈길을 맞추면서, 한 사람 한 사람 이름을 불러주며 고맙다고 말하자.

5 입버릇처럼 항상 고맙다고 말하자

· · ·

우리는 대개 눈앞에 확연하게 드러난 상황에 대해서만 고맙다는 말을 하는 경향이 있다. 그래서 그런지 사소한 일에도 자주 고마워하는 사람들을 보면 왠지 모르게 낯이 간지러워지는 느낌이 든다고 말하는 이들도 있다.

고맙다는 마음이 드는 순간 주저 없이 상대방에게 고마움을 표시하는 것은 생각처럼 그리 간단한 일이 아니다. 그리고 그렇게 할 수 있기 위해서는 평소부터 의식적으로, 그리고 끊임없이 고맙다는 말을 할 수 있도록 노력하지 않으면 안 된다.

상대방이 전혀 기대도 하지 않고 있는데 내가 진심으로 고맙다는 말을 하면 그 사람은 뜻밖의 인사에 깜짝 놀라 다시 한 번 나를 바라보게 된다.

그것은 작은 감동이기도 하다. 또한 그렇게까지 감사

받을 만한 일을 한 것도 아니라고 생각하고 있었는데 내가 정말 고맙다고 말해 주면 상대방은 '내가 한 일이 이렇게 깊은 감사를 받을 만한 것이었나?' 하는 생각을 하며 괜히 어깨가 으쓱 올라가게 된다.

간단한 것 같지만, 우리가 살아가는 동안 다른 사람들에게 시의 적절하게 고맙다는 인사를 할 수 있는 습관만큼 우리를 행복하게 해주는 것도 흔치 않다. 그러고 보면, 꼭 대단한 일이 아니더라도 상대방에게 뭔가 감사할 게 없을까 하고 늘 자기 주변을 챙기고 돌아보는 이들이야말로 진정 현명한 사람들이라고 할 수 있다.

고맙다는 말을 해줘야 할 사람에게 때를 놓치지 않고 분명하게 고맙다는 인사를 할 줄 아는 습관은, 큰돈을 들이지 않고도 키워나갈 수 있는 우리 인생 최고의 자산이다. 성공하고 싶고 행복해지고 싶다면 입버릇처럼 항상 고맙다고 말하자.

고맙습니다.

Chapter
13

열정은 우리 인생 최고의 자산이다

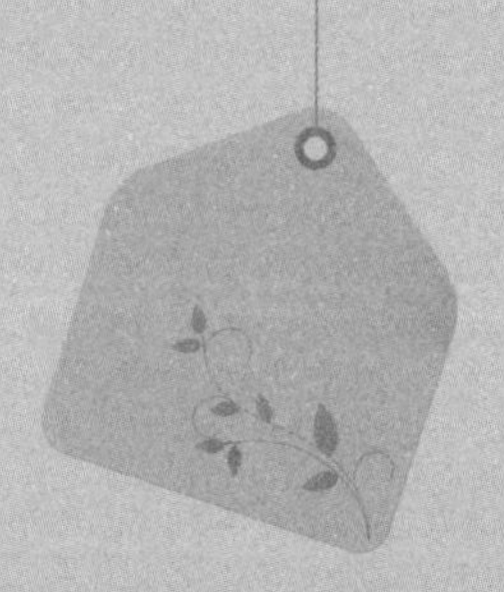

Skill with People

Skill with People

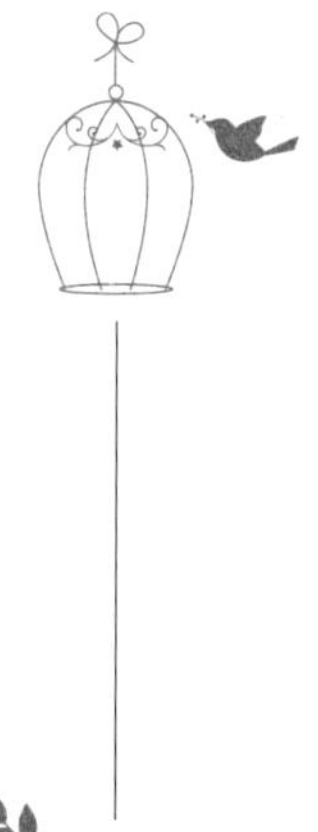

사람들은 상대방의 말과 행동을 듣고 보면서 서로에 대해 나름대로의 평가를 내린다. 그러니까 다른 사람들이 나에 대해 어떤 생각을 하고 있다면, 그것은 내가 한 말이나 행동 하나하나가 그들의 판단에 영향을 끼친 결과라고 할 수 있다.

'나를 키운 건 8할이 바람' 이라는 시 구절도 있지만, 요즘같이 사람과 사람 사이의 커뮤니케이션이 중요한 시대에는 '우리를 키우는 건 8할이 말하는 습관' 이라고 할 정도로 말이 우리 생활에서 차지하는 비중은 날로 커지는 것 같다.

누구든 처음 만날 때는 서로가 서로를 잘 모르는, 그야말로 낯선 관계일 수밖에 없다. 그러나 시간이 지나면서 서로 어떤 말과 행동을 주고받다 보면, 그 말과 행동이 상대방에 대한 생각이나 이해의 수준을 결정하게 된다. 즉 내가 하는 말, 내가 내리는 판단, 내가 보여주는 행동에 따라 나에 대한 상대방의 말이나 판단, 행동이 달라지는 것이다. 이런 사실을 제대로 인식한다면, 다른 사람들에게 좋은 인상을 심어줄 수 있도록 생각하고, 말하고, 행동하는 것이 얼마나 중요한 일인지도 알게 될 것이다.

말과 행동이 보기 좋은 사람은 당연히 생각이나 마음씨도 보기 좋은 법이다. 그러니까 사람들이 나에 대해 좋게 생각하고 나를 훌륭한 사람으로 인정하며 항상 나를 존경해 주기를 바란다면, 무엇보다도 먼저 나 자신이 당연히 그럴 만한 사람이라는 것을 말과 행동으로 상대방에게 보여줘야 한다.

여기서 특히 염두에 두어야 할 것이 있다. 나를 잘 모르는 다른 사람들은 대부분 현재의 내 위치나 내가 하는 일을 통해 나를 평가할 수밖에 없다는 점이다. 그런데 나라는 존재에 대한 다른 사람들의 평가는 내가 나 자신을 어떻게 평가하고 있으며, 또 내가 하는 일에 어떤 가치와 의미를 부여하고 있느냐에 따라 달라지는 경우가 많다. 따라서 나에 대한 사람들의 평가 수준을 높이기 위해서는 지금 내가 하고 있는 일이나 다니는 직장에 대해 충분하고도 남을 정도로 자부심을 가질 필요가 있다.

예를 들어 무슨 일을 하느냐는 질문을 받았을 때 내가 어떻게 대답하느냐에 따라 상대방이 나를 보는 눈은 달라진다. 보험 상품을 판매하는 회사에 다니는 내가 다음과 같은 대답을 한다고 생각해 보자.

"뭐, 그냥 보험 상품이나 몇 개 팔러 다니고 있어요."

이런 식으로 대답한다면 상대방은 절대로 내가 판매하

는 신규 보험 상품을 사주지 않는다. 나 자신이 스스로를 별 볼 일 없는 사람이라고 생각하고 있는 한, 내가 파는 상품에 대해 아무리 장황하게 설명을 한들 상대방에게 좋은 인상을 심어줄 수는 없기 때문이다.

그러나 나 자신과 내 일에 대한 자부심이 넘치는 사람이라면 아마 다음과 같은 대답을 할 수 있을 것이다.

"네, 선생님께서도 잘 알고 계시겠지만 저는 국내 최대의 ○○보험회사에서 VIP 대상의 신상품 설계와 마케팅 일을 하고 있습니다."

똑같은 직업을 놓고 서로 다른 두 가지 답변을 들은 상대방이 어느 쪽을 어떻게 평가하고 그 결과, 어떤 결정을 내릴지는 쉽게 짐작할 수 있다.

설령 내가 그 회사의 말단 신입사원이고 지금 하는 일이 사무실 잔심부름 정도에 지나지 않는다 해도, 내가 나 스스로를 자랑스럽게 생각할 뿐만 아니라 내가 다니는 회사에 대해서도 엄청난 자부심을 갖고 있다는 걸 보여주면, 다른 사람들 역시 그렇게 생각할 수밖에 없다.

내 얘기를 듣는 다른 사람들에게 좋은 인상을 심어주고 그 결과, 그들이 나를 반드시 좋아하게 만드는 비결은 과연 무엇일까?

1 진지하고 성실한 자세로 말하자

사람의 목소리는 어떤 수단보다도 그 사람을 가장 잘 나타내주는 최고의 커뮤니케이션 수단이다. 따라서 상대방이 내 말을 제대로 알아듣고 내 생각을 정확하게 이해하기를 바란다면, 큰 소리로 자신 있게 말하는 습관을 들이는 게 무엇보다도 중요하다. 물론 큰 소리로 말한다고 해서 상대방이 알아주지도 않는 허세를 부리거나 지키지 못할 약속을 해서는 안 된다. 아무런 의미가 없는 말, 알맹이가 없거나 실제와 다르게 과대 포장된 말은 언제든

들통이 나게 되어 있다.

오로지 진심이 담긴 생각만을 전달하자. 내 말이 틀림없는 사실이며 그 사실에 대해 내가 확신을 갖고 있다는 것을 보여주면 상대방은 내 말을 믿을 수밖에 없다.

2 내 말과 행동에 열정을 담자

열정이란 내가 지금 하고 있는 일에 모든 것을 다 바칠 수 있을 때, 그리고 스스로 그 일에 깊이 심취해 있을 경우에만 나타나는 매우 독특한 정신 현상이다.

열정은 우리가 아는 어떤 현상보다도 전염성이 더 강하다. 나 자신이 어떤 일에든 열정을 갖고 있을 때는 그 열정이 다른 사람에게도 자연스럽게 옮아가기 때문에, 단 몇 마디 말만으로도 충분히 그들의 관심을 이끌어낼 수 있다. 하지만 내게 아무런 열정이 없을 때는 어떤 말이나 행동으로도 절대로 다른 사람의 마음을 움직이지 못한다.

내가 마음속 깊이 간직하고 있는 열정은 말과 행동을 통해 밖으로 드러나게 되어 있다. 내가 어떤 상품을 판매하는 판매사원일 경우, 내가 팔려는 상품에 나 자신이 팔리지 않는 한 그 상품은 누구에게도 팔리지 않는다.

3 어떤 경우에도 조바심을 내지 말자

다른 사람들과의 만남을 원만하고 자연스럽게 풀어나가면서 내가 목적하는 바를 이루어내기 위해서는 지나치게 조바심 내는 모습을 보이지 말아야 한다. 아무리 다급하고 절박한 심정이라 하더라도 다른 사람을 만날 때는 느긋하게 마음을 가라앉히고 천천히, 아주 천천히 말하는 습관을 들이자.

급한 마음에 조바심을 내며 얘기를 하다 보면 상대방은 당연히 나를 의심할 것이고, 결국에는 어떤 것을 보여주든 나를 불신할 수밖에 없다.

내 앞에 있는 사람한테 '제발 이것 좀 사줬으면……' 하면서 안달히는 듯한 인상을 주게 되면, 그 사람은 '이 친구가 도대체 뭣 때문에 이러나?' 하며 뒤로 물러서거나 발을 빼기 마련이다. 그리고 한두 번 더 그런 태도를 보이게 되면, 내 다급한 심정을 간파한 상대방은 도저히 받아들이기 어려운 조건을 제시하거나 내가 팔려는 물건값을 터무니없이 깎으려 들 것이다.

다급한 마음을 있는 그대로 드러내지 않는 것은 결코 쉬운 일이 아니지만, 노력하기에 따라서는 충분히 자신의 감정을 조절할 줄 아는 연기자가 될 수도 있다.

4 남을 깎아내림으로써 나를 높이려고 하지 말자

내 인생은 분명 나만의 것이고, 내 인생의 행복과 성공은 오로지 나 자신의 노력에 의해서만 얻어진다. 따라서 '남들을 짓밟고라도 반드시 올라가고야 말겠다.' 는 마음을 먹는다면, 절대로 내가 생각한 만큼 올라갈 수도 없을 뿐만 아니라 설령 올라간다고 해도 결코 오래 버티지 못하게 된다.

어떤 일을 하든 항상 나 자신의 장점이나 내가 지닌 좋은 점들을 살리는 데에만 초점을 맞추자. 설령 다른 사람이나 다른 회사의 제품을 깎아내리며 나쁘게 얘기하고 싶은 마음이 생기더라도, 일단은 남들이 갖고 있지 않은 나만의 장점이나 우리 제품이 갖고 있는 좋은 점을 설명하는 데에만 온 신경을 집중하자.

나를 만나는 상대방 앞에서 남을 헐뜯고 깎아내리다

보면 상대방은 내 얘기보다는 남 얘기를 더 많이 듣게 되고, 그렇게 되면 얘기의 초점이 전혀 엉뚱한 방향으로 흘러갈 수밖에 없다. 이 세상 모든 사람들은 남들에게서 부정적인 얘기를 듣는 것도 싫어하지만, 대화의 분위기 자체가 부정적인 방향으로 흘러가는 것 또한 좋아하지 않는다.

5 어떻게 해서든 내 뜻을 관철시키겠다는 생각은 하지 말자

상대방이 옳으냐 그르냐에 따라 내 인생이 달라지는 경우는 별로 없다.

게다가 싸울 때마다 어떻게 해서든 내가 이기고 봐야겠다는 생각을 한다면, 우리의 삶은 그야말로 피곤하기 그지없을 것이다. 그러니 다른 사람에게 뭔가 좋은 얘기를 해줄 게 없다면, 차라리 아무 말도 하지 않는 게 나을 수도 있다.

물론 다른 이들과의 싸움을 피하기만 하자는 뜻은 아니다. 남을 공격하거나 못살게 구는 건 분명 나쁜 행위지만, 나쁘다고 해서 언제든 상대방을 피해 도망 다닐 수만은 없기 때문이다. 다만, 내가 누군가에게 돌을 던지면 그 돌이 언젠가는 부메랑처럼 돌아와 나를 다치게 할 수도 있다는 점을 잊지 말자는 것이다.

전투에서도, 공격하는 쪽은 방어하는 쪽에 비해 노출되는 게 훨씬 더 많고 그만큼 피해를 당할 위험도 높다. 우리 주변에서도 남을 공격하거나 내 뜻을 관철하려다가 결국 내 속내만 드러내는 경우를 얼마든지 볼 수 있다. 그렇게 해서 안 좋은 결과가 생겼을 때, 모든 걸 내 조급한 성격 탓으로 돌리며 선부른 공격을 후회하게 되는 상황을 만들 필요는 없지 않을까?

나와 생각이 다른 상대방을 바꾸는 것은 결코 쉬운 일이 아니다. 그리고 내 뜻이 관철됐을 때 처음 예상했던 것만큼 많은 걸 얻을 수 있는 경우도 그리 흔치 않다. 피 한 방울 흘리지 않고도 전투에서 이길 수 있다면 얼마나 좋을까마는, 사람과 사람이 부딪치며 살아가는 이 세상에서 그런 일이 일어날 가능성은 거의 없다는 걸 잊지 말자.

정보의 전달과 기억 효과

전달 방법	3시간 후 기억에 남는 비율	3일 후 기억에 남는 비율
구두로만 설명	70%	10%
시각 효과만 활용	72%	29%
시청각 효과 병행	85%	65%

Chapter
14

할 말이 끝났으면 미련 없이 내려가라

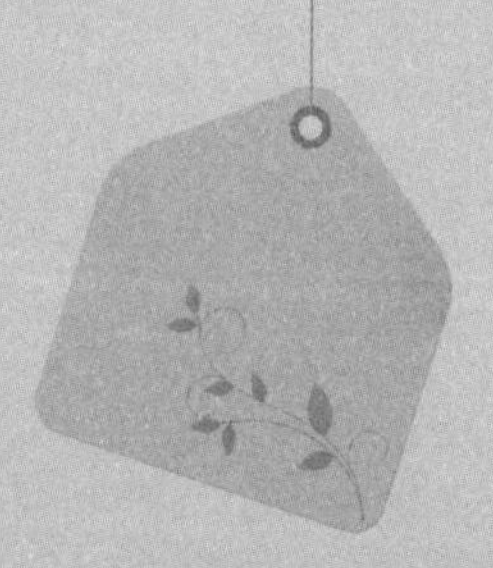

Skill with People

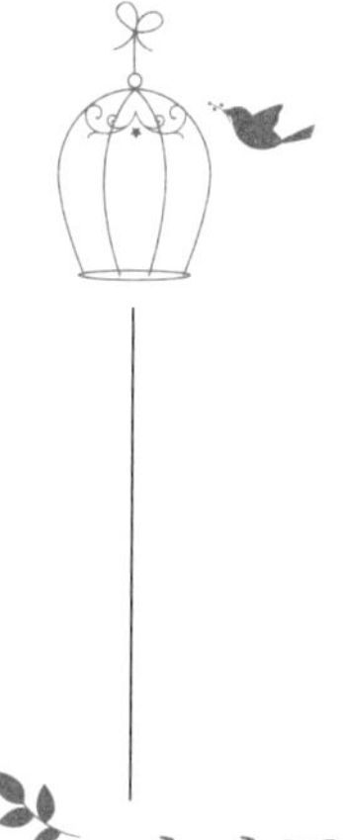

사람들은 누구나 말을 잘 하고 싶어 한다. 말을 잘하면 다른 사람을 쉽게 설득할 수 있고, 다른 사람을 설득할 수 있으면 내가 원하는 것을 반드시 얻을 수 있을 거라고 생각하기 때문이다. 실제로 우리의 수입과 말하는 능력은 매우 밀접한 관계가 있어서, 말하는 재능을 키우는 것만으로도 실질 소득이 늘어나는 경우가 적지 않다.

여러 사람 앞에서 말을 잘하는 이들에게는 분명 남다른 특징이 있다.

어떻게 하면 말을 잘하는 사람이 될 수 있을까? 다음에 소개하는 다섯 가지를 읽어가면서, 말을 잘하는 사람들의 공통점이 무엇인지를 곰곰이 떠올려 보자.

1 하고 싶은 이야기를 철저하게 준비하자

다른 사람들 앞에서 무슨 얘기를 해야 할지 잘 모르겠다면, 아예 얘기를 하겠다고 나서거나 입을 열 생각을 하지 않는 게 낫다. 청중들 앞에서 나도 잘 모르는 얘기를 횡설수설 풀어내는 것이야말로 그 많은 사람들의 소중한 시간을 허락도 없이 빼앗는 행위나 다름없기 때문이다.

그러나 일단 뭔가 얘기를 하겠다고 나섰다면, 내가 알고 있거나 생각하고 있는 것을 당당하고 자신감 넘치는 태도로 전달해야 한다.

그렇게 하기 위해서는 미리 알아봐야 할 것과 준비해

야 할 것이 있다.

청중들은 어떤 사람들인지, 그들이 내게서 듣고 싶어 하는 얘기는 정확하게 무엇인지 알아보자. 그리고 내 얘기의 서론과 본론, 결론을 어떻게 구성해야 하는지, 예상되는 질문에는 어떻게 답변할 것인지에 대해서도 철저하게 준비하자.

준비가 끝났다면, 이제 남은 일은 청중 앞에 서기 전에 충분히 연습을 하는 것이다. 사람에 따라 다르겠지만 한 시간의 스피치를 위해서는 통상 세 시간의 사전 연습이 필요하다고 한다. 마음속으로 청중 앞에 서 있는 나 자신을 떠올리며, 처음부터 끝까지 순서대로 얘기를 전개해 보자. 연습은 우리를 완벽하게 한다.

2 멋진 스피치를 하겠다는 생각을 버리자

아무도 멋진 웅변을 해달라고 부탁하지 않았는데 막상 연단에 올라가기만 하면 거창하게 웅변조로 얘기하는 사람들이 많다. 그러나 요란한 웅변조보다는 청중들과 대화를 하듯이 차근차근 이야기를 풀어나가는 것이 훨씬 듣기에도 좋다는 걸 잊지 말자.

내 앞에 앉아 있는 이 사람들은 내게서 꼭 들어야 할 얘기가 있기 때문에 나를 이 자리에 세운 것이다. 그 점을 상기하면서, 아주 자연스럽게 그리고 차분한 목소리로 얘기를 시작해 보자. 웅변대회가 아닌 이상, 청중들이 내게 바라는 것은 자기들이 꼭 들어야 할 얘기를 차근차근 알아듣기 쉽게 전해 주는 것이다.

3 얘기하는 동안 청중에게서 눈을 떼지 말자

내 얘기를 듣기 위해 모인 사람들이라면 내가 마땅히 주목해야 할 만큼 소중한 사람들이다. 그렇게 소중한 사람들에게 진지하고도 애정 어린 눈길을 보내는 것은 초청을 받은 사람으로서 당연히 보여줘야 할 예의이기도 하다.

그들에게 얘기를 하는 동안 그들이 나를 불러준 이유를 다시 한 번 생각하면서, 그 많은 눈길들을 하나도 놓치지 않겠다는 듯이 청중의 눈들을 똑바로 바라보자. 그들에게 눈길 한 번 주지 않고 준비된 원고만 읽어내려 갈 생각이라면, 처음부터 연단에 올라가지 않는 게 차라리 현명한 일이다.

4 사람들이 관심을 갖는 공통의 주제를 얘기하자

청중들이 나 자신에 관한 얘기를 해달라고 부탁했다면 내 얘기를 해도 좋다. 그러나 대부분의 경우 나를 초청한 이들이 내게서 듣고 싶어 하는 얘기는 나에 관한 얘기가 아니라 그들이 관심을 갖고 있는 분야의 얘기다. 그 얘기를 듣기 위해 그 많은 청중들이 나를 쳐다보며 귀를 세우고 앉아 있다는 점을 잊지 말자. 물론 얘기를 하다 보면 개인적인 경험이나 주관적인 생각을 들려줘야 할 경우도 생긴다. 그러나 그런 경우에라도 지나치게 개인적인 경험을 늘어놓는 것은 그리 바람직한 자세가 아니다.

그런 청중들로부터 우레와 같은 박수갈채를 얻어내고 싶다면, 그들이 좋아하는 명연사가 되고 싶다면, 그 사람들이 듣고 싶어 하는 얘기를 해줘야 한다. 돈을 내고 내 얘기를 들으러 온 사람들이라면 더더욱 그렇다.

5 할 말이 끝났으면 미련 없이 내려가자

일단 연단에 섰다면 가급적 간결하고 정곡을 찌르는 표현을 쓰도록 노력해야 한다. 그러나 많은 사람들 앞에서 말을 잘하는 것 못지않게 중요한 것은, 할 말이 끝났을 때 미련 없이 마이크를 내려놓고 연단에서 내려가는 일이다. 해야 할 말이 끝났거나 더 할 말이 없다면, 그동안 내게 쏟아지던 스포트라이트를 다른 사람에게 돌려주자.

저마다 할 말 많은 사람들이 모여 사는 이 세상에서 말을 아껴서 손해 보는 경우는 거의 없다. 말을 짧게 했다고 해서 다른 사람에게서 비판을 받아본 적이 있는가? 아마 없을 것이다. 얘기가 끝났는데도 나한테서 뭔가 더 듣고 싶은 사람이 있다면 당연히 내게 얘기를 계속해 달라고 부탁할 것이다.

앙코르가 없는데도 불구하고 쓸데없이 무대 앞을 서성

이며 청중의 박수를 기다리는 모습은 아무리 좋게 보려고 해도 좋지가 않다.

청중의 반응이 좋을 때 그리고 내 얘기가 참 좋았다며 사람들이 박수를 쳐줄 때 기분 좋게 자리를 뜨자. 다른 일을 할 때도 마찬가지다. 내가 해야 할 일이 막 끝났을 때, 내게 맡겨진 일이 성공적으로 마무리되었을 때, 모든 이들이 부러워할 정도로 내 능력과 기량이 절정에 달했을 때 미련 없이 손을 흔들며 물러가는 모습이야말로, 진정한 승자만이 보여줄 수 있는 아름다운 장면이다.

행동은 습관을 만들고 습관은 운명을 바꾼다

주위를 한 번 돌아보자. 여러분 주위에는 성공한 사람도 있고 남달리 행복해 보이는 부부도 있을 것이다. 그들은 어떤 사람들인가? 남들보다 더 똑똑하고 다른 부부보다 더 잘생긴 사람들인가? 그들은 무슨 재주로 그렇게 성공했으며, 어떻게 하기에 그렇게 행복한 부부관계를 유지하고 있는 것일까?

우리의 행복이나 성공은 성적이나 외모에 의해 결정되는 것일까? 머리 좋은 사람이 반드시 성공하고 잘생긴 사람이 반드시 행복해지는 것이라면, 일류 대학을 최고의 성적으로 나온 잘생긴 사람은 모든 사람이 부러워할 정도로 모든 성공과 행복을 독차지해야 마땅하다. 하지만 세상이 과연 그렇게만 돌아갈까? 결코 그렇지 않다는 것을, 우리는 오랜 경험을 통해 알고 있다.

지식은 누구나 얻을 수 있고 가질 수 있는 것이지만, 지식 그 자체만으로는 아무짝에도 쓸모가 없다. 지식이 진정한 힘과 가치를 발휘하기 위해서는 그것을 실생활에서 제대로 활용하고자 하는 우리의 노력이 반드시 뒤따라야 한다. 겉으로 드러나는 외모나 행동도 마찬가지다. 아무리 아름다운 얼굴도 꾸준히 가꾸지 않으면 추해질 수밖에 없고, 그렇게 보기 좋던 행동이나 습관도 끊임없이 갈고 다듬지 않으면 한순간에 흐트러지고 만다.

우리의 인생은 무엇을 할 수 있느냐 없느냐가 아니라 실제로 어떤 것을 했느냐 못 했느냐에 따라 그 최종 평가가 달라진다. 그러니 이제부터라도 '아는 것이 힘'이 아니라 '아는 것을 활용하는 것이 힘'이라는 쪽으로 생각을 바꿔보자.

이 세상에서 성공하는 모든 사람들은 사람을 대하는 방법과 말하는 습관을 끊임없이 갈고닦는 이들이다. 우리 주위에서 행복한 인생을 살아가는 모든 사람들은 인간에 대한 깊은 이해와 함께 자기만의 대인관계 스타일을 꾸준히 가꿔가는 이들이다. 물론 성공한 사람이라고 해서 반드시 대인관계의 기술이 뛰어나고, 행복한 사람이라고 해서 꼭 말하는 습관이 좋다고 할 수는 없을 것이다. 그러나 대인관계나 대화의 습관이 좋은 사람이 그렇지 않은 사람보다 여러 가지 면에서 성공할 가능성이 높은 것만은 틀림없다.

자, 이제 마지막으로 다시 한 번 스스로에게 질문해 보자.

'나는 진심으로 성공하고 싶어 하는가?'

'나는 정말로 행복해지고 싶어 하는가?'

'그렇다.' 고 대답했다면, 당신은 지금부터 해야 할 일이 있다. 대인관계의 비밀과 대화의 기술이 담긴 또 다른 책을 찾아 나서기 전에, 언제든 손이 닿을 수 있을 만큼 아주 가까운 곳에 이 책을 놓아두고 틈나는 대로 조금씩 읽고 또 읽어보자. 그렇게 읽은 내용 중에서 하루 한 가지씩만이라도 실천에 옮길 수 있다면 당신은 그만큼 성공하는 인생에 가까워질 수 있다.

행동은 습관을 만들고 습관은 운명을 바꾼다.